途客圈创业记

不疯魔，不成活

A JOURNEY TO ENTREPRENEURSHIP

陈天 / 著

人民邮电出版社
北京

图书在版编目（C I P）数据

途客圈创业记 : 不疯魔，不成活 / 陈天著. -- 北京 : 人民邮电出版社, 2015.12
ISBN 978-7-115-40478-7

Ⅰ. ①途… Ⅱ. ①陈… Ⅲ. ①企业管理 Ⅳ. ①F270

中国版本图书馆CIP数据核字(2015)第247099号

内 容 提 要

本书记载了“途客圈”最真实、最细腻的创业历程。一群人，因为一个共同的事业的感召，聚在了一起。两年的时光，从梦起到梦碎，他们经历了怎样的创业磨难？如何打造一个互联网创业团队？如何获取投资？团队和产品在发展过程中经历了哪些起起伏伏？本书作者从自身经历出发，讲述了“途客圈”这个独特的创业团队的故事。其中，有欢乐，有悲伤；有天堂，有地狱；有经验，有反思，但更多的是成长的喜悦……创业是没有门槛的，本书的很多经验对计划创业或正在创业途中的人来说都是可以借鉴的。

本书适合对互联网创业感兴趣的读者，打算创业或者正在创业的读者，包括但不限于大学生和各科技公司的技术人员、产品人员、运营人员，以及有创业梦想的人。

◆ 著　　　　陈　天
　责任编辑　杨海玲
　责任印制　张佳莹　焦志炜
◆ 人民邮电出版社出版发行　　北京市丰台区成寿寺路 11 号
　邮编　100164　　电子邮件　315@ptpress.com.cn
　网址　http://www.ptpress.com.cn

◆ 开本：720×960　1/16
　印张：12.5
　字数：212 千字　　　　2015 年 12 月第 1 版
　　　　　　　　　　　　2015 年 12 月河北第 1 次印刷

定价：39.00 元

读者服务热线：(010)81055410　印装质量热线：(010)81055316
反盗版热线：(010)81055315

谨以此书献给我的妻子和女儿，

她们教会了我如何做一个父亲。

主人公寄语

“不是科技媒体总会报道的美满结局的创业，但所记录的过程真实深刻，作为亲历者和创业合伙人，书在案边却不敢轻易翻阅，创业维艰，输赢必争，没有归零重来。”

——Alex，途客圈联合创始人

“第一次看到这本书的初稿时我的泪水就盈满了眼眶。在途客圈的经历对我来说真的是无比宝贵的财富。感谢我们亲爱的“叔”，帮我们把这份记忆保存了下来。”

——王筱，青橙科技前端负责人

“能在自己的第一份工作就接触到了‘优秀的创业者’‘优秀的工作方式’‘优秀的团队文化’，我一直觉得自己是幸运的。途客圈的工作经历让我为未来的职业生涯建立了高标准的参照，这也许是我最重要的收获。”

——黄涛，知乎产品设计师

“看《土拨鼠之日》的时候，我曾经思考，如果一定要回到一段时间无限死循环，我可以去哪儿。答案是 2011 年的 11 月，刚加入途客圈的时候。在途客圈的日子就像我职场人生的青春期，有过热血飞洒，也有过迷茫挣扎，唯独没有后悔。很多次我想回去那时，不求改写结果，只为和大家多待一会儿。因为这种经历，不会再有第二次了。感谢 Tyr，毫无保留的记录了这一切；感谢那一年，让我有幸相逢大家。”

——张楠

“时间慢慢流动，途客圈创业的故事已画下休止符，而这段经历却在途客心中渐渐升华。怀念也感激那些可爱的朋友、纯粹的时光……这本书像是一组互联网创业的基因图谱，创业者都可以找到自己熟悉的角落。”

——Leanne

“创业之路，我们一直相伴而行。无论结局，只是开始，没有结束。”

——陈驰远，青橙科技技术 VP

“当时作为一名应届生加入途客圈，跟大家一起经历的学习成长的快乐、通宵发版的兴奋、产品转型的挣扎、团队调整的痛苦等等这些，虽然已是回忆，但仍然是我最难以忘怀的经历，而这段经历也是我宝贵的精神财富！”

——易蒂，美团产品经理

“他创业、写书、跑马拉松，还是小女神的萌爸爸。自己德智体美劳体恤小伙伴不说，还愿授人以渔，认识这样正能量的叔真觉幸运。至于该超级英雄在途客圈复联时期偶尔脱线的章节，就书中见吧。”

——momo

“在从 0 到 1 的过程中，途客圈一直都在挑战未知，虽然征途已经告一段落，但是途客圈正在以人为载体，延续另一种生命。”

——翟暾（Qiseay），LINE 大中华事业部资深顾问

“感谢当年那个义无反顾的自己。”

——向鸿儒（佗佗）

“一段曲折的创业路，一个怀揣梦想的途客圈。创业没有终点，途客们依旧在奔跑，更多的梦想随风起航。”

——高鹏，LINE 职员

“途客圈有种魔力，无论过去多久，一想起它都会有种说不出来的自豪感。”

——张旄，神马小说 PM

“创业，在有好的创意、思路与方法的前提下，需要更多的付出、忍耐与坚持。活下去最重要，活下去才能看到成功。”

——张子宵（Brian），途客圈前运营经理

“勇敢的、傲慢的、恐惧的、友情的、兄弟的、光芒的，在创业这段真实的旅途中，我们都找到了。”

——杜明翰（iduu）

序一

读完《途客圈创业记》后，掩卷深思了很久。即使作为一个亲历了部分事件的见证者，熟悉其中一些故事和细节，这本书带给我的震撼仍然很大。

陈天是我见过的最棒的创业者。创业是从零开始创造一个事业，理所当然会遇到各种问题和挑战。所以除了信仰和勤奋这两种特质是创业者身上必不可少的素质，系统和深入地思考也是必须具备的素质。陈天身上兼具这些品质。

近几年创业圈里最流行的一本书是《三体》。在我看来，黑暗森林法则和降维打击思路在创业这件事上进行演绎运用的话，其实是形成一种更有高度的和更基本的思考和解决问题的框架，在这种更具有本质意义的方法论指导下，就能在自身面对生存困境和市场挑战时相对游刃有余。陈天的这本书代表了这种深入到具体细节又抽象和总结出一般规律的深刻思考。

通过这本书，你可以看到很多第一手的资料和反思：从产品开发到用户运营，从招募员工到裁剪团队，从融资成功到跌入谷底。这里也有可以推演到不同情形下的通用的思考问题的方法，看通透市场、商业和人性的本质。创业艰难百战多。如果你是一个创业者、投资人，或者你对创业感兴趣，强烈推荐你读这本书，来源于实战的深邃思考不容错过!

徐薇

创业者，前创新工场投资总监

序二

有些人创业是为了财富自由，有些是因为不愿打工，有些是要追寻创业的荣光，但创业维艰，如果你没有足够远大的创见，没有过人的心理素质，没有强健的体魄和不断提升的心智，没有历经挫折百折不挠的决心，很难创业成功。

想清楚了这些你依然有一颗创业之心，那么我强烈建议你阅读这本《途客圈创业记》。这是一个技术人用文字和代码书写的创业故事，书中的主人公因为一个共同的创业目标走在一起，缘起，缘灭，梦醒，梦碎。欢笑、悲伤和成长的喜悦贯穿始终，读来让人难以释卷，又有诸多启发。

书的作者陈天是我熟知的技术人，他自己在涉足的每个技术领域都能够做到既洞悉全局，也熟知细节，能编程，能写作，能管理公司，他用这本书记录了自己的一段创业历程。书的内容是真诚的、真实的、残酷的、不加修饰的，也正因为如此，书才有了阅读的价值。

每个有创业梦想的技术人都该读一读这本书。

池建强

锤子科技研发总监，MacTalk 出品人

前言

在衣食无忧地为企业工作了8年后，人生的第29个年头里，我开始创业。“途客圈”是我创立的第一家公司，也是我第一次抛开无所事事的幻想，跳出衣食无忧的生活，选择了一种充满挑战、布满荆棘的道路。比起那些刚出发就折戟沉沙的创业者，我算是幸运的，从只有两个创始人的公司一直做到了拥有20多人的公司，并获得了各方的很多支持和帮助，“烧了”两年多投资人的钱。可惜我们并未有效地把获得的资源转化成公司业务的坚实发展，最终因现金流断裂而被收购。在两年多的旅程里，创业公司初期所能经历的一切幸福——获得投资，流量增长，用户捧场，媒体关注，业界瞩目，以及遭遇的几乎一切问题——核心员工流失，获取用户乏力，增长不利，无法赚钱，现金流枯竭等，我们都或多或少遇到了，有得有失，有喜有悲。

正如你所预料的那样，本书不是一本关于创业成功者成功后的快意恩仇或是指点江山，而更接近于一个失败者的复盘和反思。我把我的所见、所历、所感记录下来，既为自己留下点儿什么，同时又寄希望于能给读者哪怕一丁点儿的启发。

有人说，所有的笔录都是自己与自己心灵的对话。在结束这段创业旅程后，我开始整理断断续续的日记、零零散散的博文以及尚能拾起的记忆，在国家图书馆的阅览室里或者咖啡厅内，留下了一段又一段近乎胡言乱语的率性的文字。日记是个好东西，它就像邓不利多的冥想盆，把我真真切切地带回到两三年前，以一个旁观者的身份，循着初心，看着一路走来时的脚步：有苦，有甜，有笑，有泪。

起初，我将这些文字分享给家人，分享给途客圈的小伙伴们，还有一些业界的朋友们，他们觉得有趣、有意义，于是我便继续写了下去。我一边写一边追随着这些文字进行深深思考：如果在当时几个重大的转折点上，我们换条路走，将会怎样？

然而这世上并无如果。玩《魂斗罗》通关失败还可以“continue”，甚至祭出秘籍，但创业没有放之四海而皆准的秘籍。创业本身可以被视作一个开放的迷宫，创业者自己和团队在征途中的每一个决定都在不断修改着这个迷宫的形态。因此，一切前人总结的经验和教训，并不能够为成功保驾护航。

但这绝不是说前人的经验和教训便了无用处，它们对后来者的意义在于避免已知的弯路和保持清醒的头脑。2015 年可谓是中国的创业之年，整个创投领域欣欣向荣，国家也在很大程度上鼓励国人创业。这是好事，更是创业者难得的机遇。但是，在近乎全民创业的热潮中，我们更需要保持一分警惕。因为，创业是一个从无知起，放下身段，不断求知，不断自我进化的过程，而狂热很可能将无知引领到盲目自大、不可一世的方向，此时，保持清醒，居安思危就显得弥足珍贵。

书中所述事件和人物均是真实存在的，为避免不必要的麻烦，人名我均采用了拼音或者英文名的方式。自 2014 年起，我陆陆续续在我的公众号上连载此书内容，后来又在百度阅读开放了电子书，获得不少读者的喜爱，大家都期待这些文字能走出屏幕，在散发着墨香的纸上找到更好的归宿。这也是我的心愿。感谢本书的编辑海玲姐，是她一力促成了此事，又把我从慵懒的状态中拽出，鼓励我重新修订了原先匆匆写就的手稿，并添加了更多有意义的反思内容。

在和读者的互动中，我收获了很多有价值的反馈。我很喜欢一位读者给我打气的文字："感谢你的故事和思考。逆境和厄运自有妙处，它们会成为你智慧的一部分……世界是一个舞台，所有的男男女女不过是一些演员，他们都有下场的时候，也都有上场的时候。期待你的下次上场。"

是啊，世界是一个舞台，上场和下场都是生活的一部分。谁知道，下场不是为了日后更好地上场呢？

非常感谢你阅读本书。如果你是个创业者，希望这本书能与你共鸣；如果你不是创业者，希望这本书能够让你了解创业者，进而理解创业者，给他们多一些支持和鼓舞。因为，对于一个创业者而言，当他们做出上场的决定时，他们心中已然默默地接受了这份《企业家宣言》：

I do not choose to be a common person.

我有权选择不做一个平庸的人。

It is my right to be uncommon—if I can.

我会尽我所能成为杰出的人。

I seek opportunity—not security.

我寻找机会，不求安稳。

I do not wish to be a kept citizen,

我不想成为温室里的花朵，

humbled and dulled by having the state look after me.

麻木不仁地接受社会的照顾。

I want to take the calculated risk,

我想要有意识地去冒险，

to dream and to build,

去梦想，去创造，

to fail and to succeed.

经历失败，走向成功。

I refuse to barter incentive for a dole;

我拒绝施舍，我选择自立自强；

I prefer the challenges of life to the guaranteed existence;

我宁愿选择充满挑战的人生，绝不万无一失地活着；

the thrill of fulfillment to the stale calm of Utopia.

与其无所事事地幻想，不如激动得酣畅淋漓。

I will not trade my freedom for beneficence

我不会拿我的自由换取恩惠，

nor my dignity for a handout.

也不会拿我的尊严换取施舍。

I will never cower before any master

我绝不在任何权威面前发抖，

nor bend to any threat.

也绝不会为任何恐吓所屈服。

It is my heritage to stand erect, proud, and unafraid;

我的天性是挺胸直立，骄傲，且无所畏惧；

to think and act for myself;

我要自由地思考和行动；

to enjoy the benefit of my creations;
我要纵情于我的创造的价值；

and to face the world boldly
我要自豪地面对世界，

and say:
并向世界宣告：

“This, with God's help, I have done.”
“在上苍的庇佑下，我，做到了！”

目录

梦想

途我睿的由来

就像所有的老的白了胡子的故事一样，这个故事要追溯回 7 年前，从我和妻子的第一次欧洲蜜月旅行开始说起。

2007 年，在前同事 lyons 的激励下，我和妻子第一次以自由行旅行者的身份，踏上了法兰西和意大利的土地。我们自己租车上路，自己找旅店住宿，在廉价超市买蔬果酸奶果腹，在当地人才光顾的餐厅吃饭。我们体验着至真至 in 的文化，并深深地爱上了这种旅行方式，觉得这将在年轻人中风行。当时已有穷游网，我们的大部分信息就来源于此。但穷游论坛的方式注定让信息的搜集和整理耗时耗力，对于初学者，策划一次像样的自由行就像策划一次婚礼一样让人痛苦。回来后，我们就开始研究怎样能让这种行前的准备更轻松，制定的旅行线路更合理。好长一段时间，我都在钻研各种算法（如 TSP）在规划路线上的可行性。这是我第一次对一件事如此着迷，并想去解决它。

然而，我一直没有努力迈出下一步。就像这世间所有的懒汉，想得到结果，却不肯付出代价去经历过程。房子、车子、还算过得去的生活成了我的借口，让我在 8 小时外意志消沉。

当然，这意志消沉并非没日没夜地打游戏、看电视或者在麻将上一展身手，而是有一搭没一搭地看着各种各样的书，玩玩时下热门的技术，比如说 Ajax、Symfony。

后来一度被用作途客圈网站的域名 toureet.com 是我在学习 Symfony 的时候想到的。当时 Symfony 有一个教程，手把手教你如何在 24 小时内学会它，并从头到尾做一个招聘网站 jobeet.com。我突然灵光一现——tour+eet（toureet），读着上口，中文谐音“途我睿”，感觉很有个性的样子，进可攻国际市场，退可守国内城池。我上 Godaddy 查了一下，没有这个域名，于是我很开心地想在 Godaddy 上将其据为已有。当时我完全是互联网的门外汉，所熟悉的 TCP/IP 协议栈中关于 l2、l3、l4 的知识在 Godaddy 复杂的交互流程和专业术语前就像“秀才遇上兵”，完全派不上用场。我没想到注册一个域名要这么复杂，有这么多选项，懵懵懂懂中我退出了注册。

toureet.com 第一次与我失之交臂。好在它就像未打磨的璞玉，静静地躺在石头堆里，等待识货的人再一次将其捡起。殊不知，这一等就是4年。

Alex 和剑桥 MBA

Alex是我的大学同学。1999年，我们一同从广东新会乘火车远赴沈阳，开始大学生涯。我们学校99届计算机专业中来自广东的学生只有3个：我、Alex，还有Han。Han后来成了百度负责“贴吧”架构的技术牛人，在我们创业的初期，作为顾问，为我们提供了不少有益的架构方面的建议，这先放下不表。

在大学里，Alex是典型的好学生，而我则逃课、打游戏、接外包的活，在“好学生”和“差学生”之间沉浮。我们被分在不同的班级，寝室又隔了十万八千里，所以平日的接触也不算多。不过，我们彼此都很仰慕对方：我钦佩他的学术能力，而他羡慕我的编程能力。每当我们在一起聚会的时候，我们都会急切地了解对方当前的状况及未来的打算，有点儿暗暗较劲的意味，但更多的是相互学习，相互鞭策。打个不恰当的比喻：我们就像草原上的鬣狗和羚羊，常常被对方激励着向前没命地奔跑。这种状态一直持续到工作后大概每年一次的同学聚会。

2010年10月底，远在华为中东做销售的Alex回国休假。在北京，几个昔日的同学再度齐聚一堂，喝酒聊天，畅谈未来。这次的话题主要围绕着Alex——他被剑桥大学录取，即将远赴英伦展开他的MBA之旅。对于像我这样的土鳖而言，剑桥大学就像一个遥不可及的梦。听着他侃侃而谈自己是如何在工作之余刻苦努力，为梦想拼搏时，我的心绞痛着——不是嫉妒，不是羡慕，而是怒己不争——Alex可以为了自己想要的生活付出一切，我却把自己2007年就萌生的梦想一点点消磨，然后抛弃。

Alex谈到他即将参加“创业周末”（Startup Weekend），一个创业活动，让有想法的人在一个周末的时间里做出Demo（演示样本），并有机会组建公司，真正地实现它。我对此很感兴趣，也想参加。他建议我参加另一个创业活动iWeekend。这两家他都很感兴趣，但时间上重叠，所以我们参加不同的活动，之后可以交流心得。我欣然同意。

聚会结束回到家，我意犹未尽，开心地跟妻子畅谈我们的这次聚会及我要参加iWeekend的想法。妻子很赞同，建议我在这个周末自己先做个Demo出来试试手。

那个周末，我使出浑身解数，建了一个产品原型。

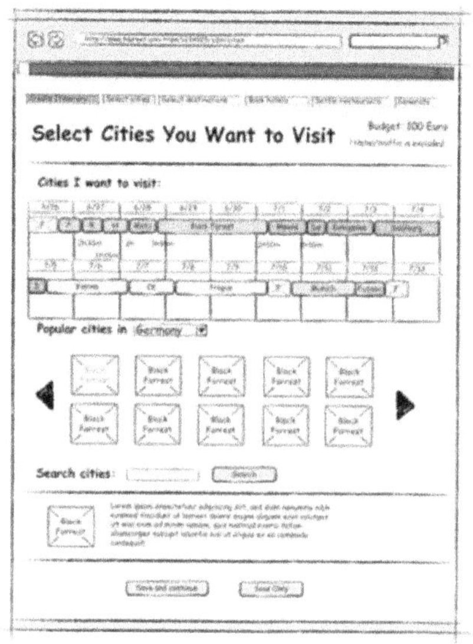

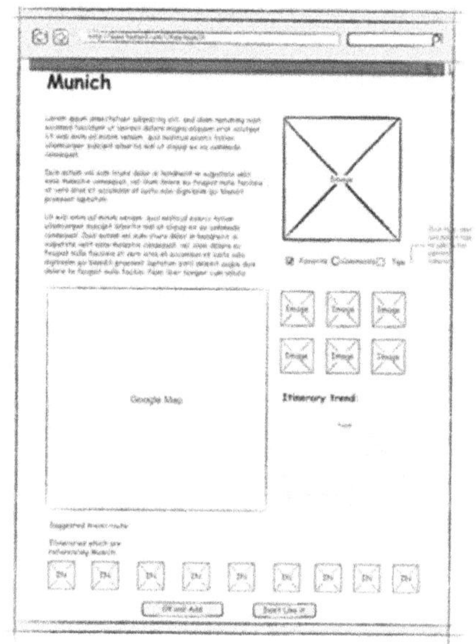

然后我用刚学会没多久的 Django 和 jQuery UI 做了一个可拖曳行程的规划工具，大概流程是下面这样的。

（1）创建计划——写个名字，单击“确定”就创建一个旅行计划。

（2）编辑行程——我做了几十个供演示的景点，主要包括巴黎、尼斯、罗马、威尼斯、米兰等我去过的城市，然后用户可以将它们“添加”到行程中，就像线上购物一样。

（3）生成行程——单击“生成”后，一个完整的可打印的行程表就出来了。系统自动帮用户安排好每一天的行程，附带 Google Maps（包含 Google Direction Serivce），行程里还包含假期当天当地的天气预报（只是为了展示我的想法）。

我花了整整一个周末，外加之后的 4 个晚上的时间，这个 Demo 才基本完工。有了这个，我对接下来周五晚上开始的 iWeekend 充满了信心。

iWeekend 创业周末

iWeekend 是个非政府组织（non-governmental organization，NGO），为有想法的人提供了一个平台，让他们有机会在一个周末的时间里做点什么出来。当时 iWeekend 之于我，就像一泓泉水之于沙漠中渴极了的旅人。我是如此期待这次活动，以至于举办活动的那周我一直处在极度亢奋的状态。

那届 iWeekend 的具体规则如下。

（1）如果有创业点子要展示，在周五晚你有一个 1 分钟（之后的两届改成了 30 秒）的电梯演讲（elevator pitch），听众和活动组织者邀请的创业导师们会选出 8 个点子，这些点子的主人可以再做一个 3 分钟的演讲，最终由听众们选出 3 个点子。

（2）三个获胜者在接下来的 48 小时做个 Demo 出来参加周日晚上的决赛。落选者和观众可以在 3 个点子中挑一个感兴趣的，加入并一起完成 Demo。

（3）周六和周日 2 天做 Demo，期间创业导师们会过来辅导，传道授业解惑。

（4）周日晚做 6 分钟演示，创业导师点评，最终评委们（包括创业导师和投资人）选出第一名的产品 Demo。席间大家可以和投资人洽谈投资可能性。

周五晚上的活动在 Google 举行，周六和周日的活动在 Orange（法国电信）举行。这是我第一次近距离接触两家伟大的公司。Google 当时是每个工程师仰视的地方，而 Orange 是我当时所在的公司的核心客户之一。

很可惜，我的演示不够理想，虽然我在电梯演讲中胜出（里面靠谱且有意思的点子本就不多），但接下来的 3 分钟演讲我没能吸引足够多的听众。我失去了一次组建团队一起实现这个点子的机会。

无奈之下，我只得加入了其中一个获胜的点子——“找食儿”（一个互联网订餐系统），这样我才能在接下来的周末里继续战斗。虽然我个人并不喜欢这个点子，但我觉得演讲者 Ibrahim 比较靠谱，因为他的定位很能打动人。可惜，我看走眼了。演示的能力不等于领导力，有些人适合做公共关系但不一定做得了领导者。Ibrahim 的团队在接下来的两天有如一盘散沙，周日的时候只剩下几乎半支团队。失望之余，我继续打磨我自己的 Demo，等待周日晚上见投资人的机会。

周日晚上，三个团队的成果都不太理想，拿出来的都仅仅是商业计划书，而非一个产品的 Demo。从结果来看，这次 iWeekend 举办得并不尽如人意，因为大家把两天时间浪费在获取社交的机会上。

一个团队的人越多在有限时间内做成一件事的概率越低，因为时间都花在沟通和讨论上了。

晚宴期间，iWeekend 的组织者把我引荐给了创新工场的投资经理 Xuwei 和副总裁 Christine。创新工场是互联网创业者心目中的圣殿，我不在创业圈子里，根本无缘结识里面的人，所以顿时闻到一股幸福的味道。

我马上把我做的 Demo 展示给她们，并草草聊了几句。也许是太激动以至于语无伦次，也许是时机不对，她们很不客气地说这个方向过于狭窄，她们不感兴趣。

一下子我就在那里僵住了。你“毕周”的心血被下了这么一个“判决书”，心里当然很不舒服。

当时我特别不明白投资人几分钟就草草决定一个想法的这份“高傲”，但后来逐渐理解并心存感激。理解是因为如果每天有成百上千个号称“下一代 Google”的东西（但基本都不靠谱）摆在你面前，你也会失去兴趣了，就如同保险公司、房产中介天天打电话问你买不买保险、买不买（或卖不卖）房一样；感激是因为她们激发了我一定要把这个东西做出来并证明它并不“狭窄”的斗志。

巧的是，人生充满了意外和惊喜！在我们进入创新工场助跑计划并随后成功获得工场的融资后，Xuwei 成了我们这个项目的投资经理，Christine 则在很长一段时间里做我们的董事。

悲剧的是，作为我的创业引路人，iWeekend 在两年前结束了它的最后一次活动后，似乎再没有新的活动出现。打开 iWeekend 的主页，最后一次活动定格在 2012 年 3 月 27 日。

同样令人不解的是，Alex 参加的“创业周末”也在 2012 年 4 月 27 日最后一次活动后再无更新。

北京的初次创业者不知现在是否还有其他类似的活动可以选择？

合伙组建公司

iWeekend 之后，我和 Alex 各奔东西。他回到中东，我继续我每天的工作。我们通过 Gmail 热切地交流彼此的想法，并彼此鼓励。他想做一个类似于 oDesk 那样的服务，将国内的 iOS 开发者介绍给海外的客户，帮他们达成外包，网站从中抽取佣金；我继续着我的旅游网站想法，并计划在之前 Demo 的基础上做出一个产品，然后辞职创业。有一天，Alex 突然在邮件里说我们一起实现你的想法吧，你的想法有更广阔的市场，做成并做大的机会更大。我一阵激动，两个人一起做成一件事的机会肯定更大，而且我们两人充分互补：他销售出身，可以管市场和运营，而我可以完全聚焦于工程和产品。我们聊了很久这个产品的未来，并大致商议了辞职创业的可行性。

我很兴奋地将我的想法告诉了家里人。家里人非常支持我的决定，尤其是我妻子，这让我非常感动。我们计算了一下我们能拿出来创业的积蓄，以及后续的生活成本。当时妻子收入一万出头，而我们每月的房贷要九千五。还好公积金还款自由度比较大，就干脆把公积金月还款降到几乎最低标准，让每个月的房贷压力不至于影响我们的基本生活。我俩本身就是很节俭的人，但为了创业，我们打算更加量入为出地生活。我们取消了当时正在准备的澳大利亚大环游，放弃换车的念头，并推迟了生孩子的计划（可小宝还是着急提前一年出来了）。妻子是一个很有爱的人，一直憧憬着开一个小花店，就像我们在旅途中遇见的那些小店一样，充满浪漫和温馨的气息。在 2010 年下半年我们曾将此事提上日程，为此还跑过不少地方了解租金行情和开店细节。但为了我的梦想，她不舍地放弃了这个想法，专心“养”我。

得到了家人的支持，我们继续前进。Alex 打算 3 月辞职回国，而我跟老板申请后，定在了 3 月底辞职。

3 月 Alex 回来了，为了更便于我们之间的交流和展开工作，我和妻子把自己的卧室借给 Alex 住，而我俩则住在给丈母娘准备的卧室。我们敲定了如下的合伙协议：

（1）每人出资 25 万元，共计 50 万元，作为启动资金。

（2）我跟 Alex 的股份比例为 60/40。虽然我们出资额相同，但他很认可我是这个想法的发起人，且在实现这个想法的过程中，我的贡献更大一些。

（3）我们的股份以股份兑现（vesting）的方式获得，分 4 年行使。干满第一年得 1/4，以后每干满一个季度获得 1/16（后来在正式投资协议中定为每年才能得 1/4，未满一年中途离开没有相应股份）。这是为了保证每个人都可以全身心地投入至少 4 年。因为我们相信做公司就像马拉松，没有坚持就没有收获。这一条当时是用来制约 Alex 的，因为他虽然有承诺，但他又拿到了 MBA 的录取通知书，很可能中途离开一年去剑桥读书，然后再回来。一年会发生很多事，万一他有了其他想法不回来怎么办？所以我们约定通过股份兑现来约束股东。没想到最终我成了这场马拉松中先退赛的人，股份兑现让我只得到我自己 1/4 的股份。这是后话。

（4）我是公司的 CTO 兼董事长，他是 CEO。我负责产品和技术，他负责其他。

（5）拿到天使融资前，创始人都不拿一分钱工资。

这个合伙协议对于我们这样的创业新手来说，是难能可贵的，但毕竟我们是新手，第四点埋下了很多隐患。

首先，谁是老大？我不愿当 CEO，因为当时对我来说，我想把精力放在产品上。所以 Alex 是 CEO，但我又是大股东，那谁是这个公司的老大？重大问题谁来一锤定音？这个很模糊。照理来说，公司治理 CEO 说了算，重大决策董事会说了算。但对于创业公司来说，很多事情都是重大决策，但不可能事事都开董事会。公司需要一个明确的最终拍板人，但我们并未就此明确指定。在很长的一段时间里，我们都是以双核的方式对外，这让外界甚至团队内部都比较迷惑。直到有一天其他团队过来给我们推荐一个产品经理，说“找途我睿的 CEO Tyr”。这时我才意识到这是个问题，于是逐渐减少自己的公众活动，让 Alex 成为面向公众的那个人。但是，团队内在这一点上已经埋下了困惑的种子，并在之后生根发芽，而我却没能进一步去在团队面前帮助 Alex 树立更多的威信，明确责权。坦率地说，在这一点上，当时的我们都不够成熟。

说两句题外话。首先，创始人的地位是有差别的。几个创始人之间，总有一个要频繁对外露面，接受采访，被笼罩在光环之下；对内得到团队的认可，有足够的权威去带领大家往前走（在当时，我显然不适合这个角色）。而剩下几个则注定要寂寞得多。“阿里巴巴十八将”“百度七剑”，但被媒体重点关注的只有马云和李彦宏。问题是，当你不是那个在聚光灯下的创始人时，你是否有足够强大的内心去接受这一切，并提供一切机会主动帮助那个创始人去树立形象？我虽然接受了，但却是消极接受。

其次，创始人是否应该在一开始就把公司重要的职位占据？或者说，CXO 是否应该由创始人担任？这是个见仁见智的问题。以我现在的看法是，创始人最好从总监做起，根据公司的成长来提升，而不是一开始就把持公司的最高职位。对于刚起步的创业公司来说，职位就像克莱登大学的博士学位一样，纯粹自欺欺人。我见过 5 个人的小团队，3 个 CXO，2 个 VP，很讽刺。中国人好面子，很难像国外的创业者在合适的时候将职位转给更合适的战友甚至职业经理人，像 Netscreen 和 Google 那样。所以，在公司的发展过程中，把一个创始人从 CXO 的位置拿下，让其当个 VP，甚至 Director，会让他很不舒服。倒不如一开始就从较低的职位做起，能成长起来就赋予更多权职，成长不起来对公司的组织架构也没有太大伤害。但是，公司需要一个 CEO 站在聚光灯下怎么办？好办，给需要的人一个额外的 Deputy CEO 或者 Acting CEO 的职位，这样以后拿走也不那么令人痛苦。

还有，我们缺乏灰色地带的明确分工。谁对产品最终负责？站在各自的角度，我们都想对产品最终负责，但是这样会导致领导上的混乱。出谋划策的人可以有多个，但对产品拍板的人只能有一个。这个问题在之后越来越混乱，我们以后再表。

最后，不拿工资是自掘坟墓。不拿工资这种蠢事我以后的任何创业都不会再干了。我们的出发点很好，创始人不拿工资，可以大大减轻公司初期的负担，把有限的钱花在刀刃上。我错了。**创始人一定要拿合理的工资！**创业本身就是一件累心劳体的事，工作强度和压力都比上班要大很多，如果再负担个人财务上的压力，而这种压力又转嫁给家庭时，久而久之，矛盾就会爆发。如果初期财务紧张，创始人应该拿之前年收入的60% ~ 80%，等资金平稳，应该拿到100%~120%，此后根据绩效浮动。总之，宁可少雇一两个人，也要保证创始人的财务安全，这样才能让他们时刻保持最强的战斗力！

尽管有以上问题，这次还是很成功的合伙。我们在一开始避免了不少纠葛，使得在接下来的日子里我们可以各司其职，全力推动我们这次创业的下一步发展。股份兑现机制使得在创始人中途离开的时候，很好地保证了公司的利益，让公司能够在股权结构上平稳过渡。

依依辞别 Juniper

Juniper 在国内电信 / 数通产品的工程师的圈子外鲜有人知道，以至于我在各种场合的自我介绍中讲到 Juniper 时，看着对方茫然的眼神，都会加上一句："你知道思科公司吗？我们是思科在全球的主要竞争对手。"不过，2014 年年初 Juniper 名头很噪，因为在 Glassdoor[①] 的一份报告中，Juniper 竟然超越 Google 和 Facebook，是行业中工程师收入水平的 No. 1。一时间国内媒体纷纷转载，好多人第一次听到了 Juniper 这个名字。

Juniper 对我职业生涯的重要性，怎么说都不为过。离开 Juniper 之前，我在这里度过了五年半——占我可预期的职业生涯的 1/8 还多。在这里我认识了一个伟大的创业公司（NetScreen），并为能够修改 Ke Yan 的代码引以为荣；我得到了一个没有天花板的舞台，五年内三次晋升，一次转岗（工程师转为技术经理），有机会经历三个不同的团队，并作为技术经理管理一支不小的团队；我得到了不错的经济回报，能在北京买得起房，养得起车，有闲钱能出国旅行。当然，最重

① 一个在线招聘网站。

要的是，我在这里认识了很多人生导师——他们或是在工作中对我潜移默化，或是通过一对一的对话给我指点，让我成长很多。我至今很感激 Murphy、Shalang、Zhengyin、Meng、Frank、Qingming、Oliver、Paul 和 Pradeep 给我的支持、帮助和鼓励，他们引导我从青涩走向成熟。

举两个例子。

有一次一对一的对话，我曾跟我所在 BU 的 CTO Oliver 讨教过如何从一个工程师（engineer）一步步升级到杰出的工程师（distinguished engineer）。他起身在白板上画了一张图：

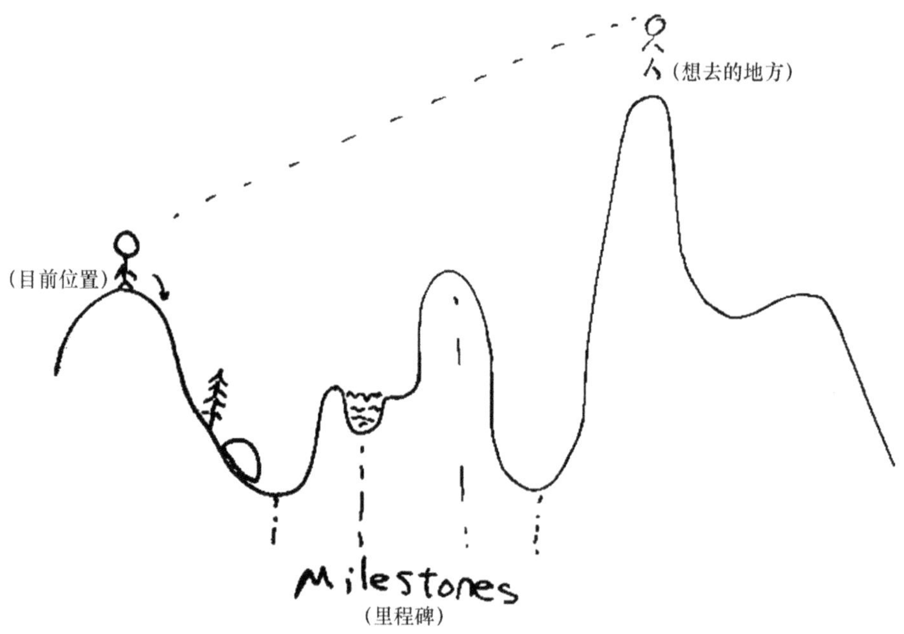

他指着小人说：

> 这是你目前的位置，这是你想去的地方。你应该在你的脑海里深深印下目的地。你会经历起起伏伏，遭遇到峡谷、溪流、乱石、雾霾……当你身处谷底时，你已经看不到你的目的地。很多人就此迷失。但是，如果你清醒地知道你要去哪儿，脑海中还保留着那份憧憬，那么你就能逢山开路，遇水搭桥，所有的阻碍都将成为一个个里程碑，被踩在你的身后……

还有一个例子和中国研发中心的大老板 Frank 有关。当我刚被调到管理岗位时，他告诫了我以下两点。

（1）当管理者不是件容易的事，你太年轻，生活的经历不够。有些事情只有到了一定岁数，才能体会到。

（2）做工程师，用脑子就可以了；做管理者，要用你的真心[①]。

也许现在你听起来这些话像是心灵鸡汤，但它对我的意义重大。当你年轻的时候，有长辈对你耳提面命，请珍惜，那将是你宝贵的财富。就像 Frank 说的，很多事情你唯有经历才有感悟。二十出头我读老子、孔子，穷尽数载也不得其门，但三十岁之后，尤其做了父亲之后，却豁然开朗。

还有很多很多这样的例子，在此不多说了。

在我将辞职的消息告诉我的老板 Shalang 时，他对我非常支持，鼓励我实现自己的梦想。Frank 甚至在很长的一段时间里以个人名义免费做我的咨询师，帮我解惑，给我出主意。他甚至想为我提供资金上的支持，但是我拒绝了。初次创业，我对此非常谨慎——我没有接受亲戚朋友的一分钱。因为初次创业的风险太大，我不想让家里人和朋友们为我而遭受损失。花自己的钱和投资人的钱，我很安心，因为我们都为此深思熟虑过，并愿意承担所有风险。

尽管对 Juniper 依依不舍，但我还是选择“Follow my heart”。下面是我离职的邮件。

亲爱的朋友们：

很多人应该已经知道了，今天（2011/3/31）是我在 Juniper 的最后一天。在 Juniper 中国研发中心经历了 5 年半美妙不凡的旅程后，我可以自豪而感激地说：我毕业了。Juniper 是一家伟大的公司，它为那些愿意不断学习和探索的人提供各种各样的机会。加入 Juniper 是就目前而言我这辈子最重要以及最幸运的决定。

在过去的数年间，我遇到了很多很棒的同事。我的几个老板都真心关注下属的发展；我的同事们都非常杰出且很好相处。亲爱的朋友们，没有你们的无私帮助，我无法轻松地完成那一个个职业生涯的里程碑！

然而，小鸟终将离巢，飞向广袤的蓝天。离开是一个艰难的选择，

① To lead yourself, use your head, to lead others, use your heart.

但当我找到了属于我的命运后，便不得不遵从内心深处的召唤。虽然我选择了一条布满荆棘、可能让我摔得鼻青脸肿的路，但我心中无悔，我相信我这些年来和你们一起经受的磨练会让我挺过去。

“拜拜”是一个难以启齿的词。借用 CNN 著名主持人 Larry King 离别前的一句话：my friends, instead of goodbye, how about so long?

谢谢！ Tyr

我想我表达了我的全部感情。也正是在 Juniper 的熏陶下，我憧憬着我以后的公司也能为员工提供机会、经济回报，获得成长。可惜，我没能做到这一点，这让我至今耿耿于怀。

申请助跑计划

辞职手续办完之后，接下来就是注册公司和找办公地点。我和 Alex 参观了 @ 天使投资唐位于东三环一个陈旧写字楼里的孵化办公室，老旧的写字楼，国企的格调，那里每个工位价格还不低，就此作罢。后来，我们又无意中联系到了世服宏图（Servcorp）的 cqq，她听说我们是创业者，很帮忙，给我们做了个性价比超高的报价，要知道，Servcorp 的虚拟办公室在东方广场，高大上的地界，据说大摩就租用了 Servcorp 的办公室。后来我们考虑到在这样高档的写字楼里做研发无法凝心静气，而且东方广场的高贵气质和程序员的格子衬衫不搭，怕招不到人，所以作罢。我们又在北三环看了好些写字楼，不是我们看不上它们，就是它们看不上我们的钱袋。那段日子，虽不潦倒，但很落魄。很多时候途我睿的代码是在 costa 咖啡和国家图书馆中完成的。为了省钱，我也渐渐地不开车了。

后来 Alex 发现创新工场正在为助跑计划招募团队，他建议我们申请。

那届助跑计划是第二届，也是倒数第二届。可能是因为从助跑计划中脱颖而出的靠谱项目和团队太少太少，仅仅办了三届，它就夭折了。不过助跑计划对于我们这样的初次创业的幸运儿来说，还是非常有用的。如今，很多创业媒体和孵化器都在做类似的服务，如 36kr 的“氪空间”。

助跑计划，正如其名，是帮助刚刚起步的创业者的一个孵化计划。初次创业者最缺什么？不是钱，而是创业的知识、经验和人脉。这其中任何一点都比钱重要。创新工场举办助跑计划，也正是着眼于这一点。那届助跑计划据说吸引了上千支团队报名，脱颖而出的只有七支，而我们是其中一支。Wow！

但这只是这个故事的结局。就像所有"成功者"在成功之后都刻意或无意地隐瞒走向成功的曲折过程一样，如果故事就到这，再经过写手稍稍包装，就能诞生一个"伟大创意历经层层考验，叩开创新工场大门"的故事。不信？早期有媒体采访我时，根据道听途说的误传，把我描绘成从硅谷回国创业的技术大拿，弄得我老脸通红，连连纠正。看过《围城》又看过西大校友唐先生笑话的人在这一点上脸皮都跟浸了油的纸一样，薄得透亮，克莱登、硅谷这些时髦儿的词，必须像躲瘟疫一样，避而再避。

所以我要澄清故事的经过。

助跑计划的申请有一个专门的申请页。填写的内容无非就是创始人的背景、项目的介绍等。我辛辛苦苦写的 Demo 一点用都没有，这让我着实苦恼。我们老老实实按照要求填了，但估摸着这么填肯定没戏，因为华为和 Juniper 都是电信数通产品背景，和互联网不沾边儿，若非要将二者联系起来，也只能这么说："运营商为互联网提供管道，我们是为管道提供钢筋混凝土的。"跨界创业的第一步就把我们绊住了。所以，我们只好力邀在百度的大牛同学 Han 出马，做我们的顾问，为我们撑场子，免得我们这张发黄的白纸被人拿去揉了扔垃圾筐里。

申请页面的最后一项是上传用于介绍项目的视频。那时我们并不知道如何通过有创意的视频来打动审阅者，也不知道有 Kickstarter（www.kickstarter.com）这样一个创意源泉供我们参考，甚至都不晓得去 YouTube 上学学 iMovie 的基本使用。三个人加我妻子，写了一个毫无创意的小脚本，就用 DV 开始一通乱拍。最终，我们拍了一个还比较满意（标准是说话没有磕巴）的视频就提交了申请。以我今日的眼光来看，这个略带搞笑的视频顶多给 40 分，离及格还差得远。可见，创业至少提高了我的审美能力。

之后，我们的申请就石沉大海了。之后的两三周，邮箱似闹了罢工，冷清得门可罗雀：我们不但没有创新工场的回信，甚至连平日里常常不胜其扰的广告邮件都没有了。忧心忡忡的我依旧写着代码，只不过语言已经从 PHP 换到了 Python，框架也随之变成了 Django。

创业的第一步似乎就要走偏，Alex 为此很着急。他通过自己的渠道找到了 John——创新工场的 UX 总监，介绍了我们的项目，并恳请 John 能让创新工场给我们一个宣讲的机会。John 看了我们的 Demo，很喜欢，便不遗余力地帮我们争取机会。最终，创新工场答应见我们一面。Alex 的坚持和努力以及 John 的帮忙使得我们把握住了可以说是接下来两年最重要的一次机会。

我们终于获得了去创新工场面试的机会。

助跑计划

创新工场初印象

对于外界来说，创新工场是个神秘莫测的地方。喜欢它的人将它视为创业的圣殿，不喜欢它的人将其贬为复制工厂（copy factory），这就跟名人的处境相似。其实贬的、捧的都没有以近距离的视角去观察过，随随便便加入了很多自己主观的臆测，又人云亦云，就走向了极端。距离产生美，距离也同样产生误解。

依我的浅见，创新工场是一个有追求的、影响力巨大的创业早期投资机构，为创业团队提供独具价值的服务。被创新工场看中，你将得到巨大的发展空间，但并不代表从此就走上了通向成功的坦途。创业的道路蜿蜒曲折，不会仅因为一个投资机构而改变。只不过在创新工场的帮助下，创业者的路宽敞了一些，沿途多了一些能为你提供补给的驿站。

有了展示的机会，Alex 绝对不会轻易放过。多年销售工作经历的锤炼让他在推销自己想法的时候游刃有余。而旅游，无论何时似乎都是一个投资热点。

那时，创新工场还在第三极大厦 18 楼（和 17 楼的一部分），后来才搬到现在鼎好电子城所在的位置。在 18 楼的“异次元一”会议室，我们见到了创新工场的投资团队。这是自 iWeekend 后，我第二次见 Xuwei 和 Christine，也是我第一次见到传说中的汪华。

汪华在像我们这样的创业者心目中的地位堪比李开复在学生中的地位，我们都是读着他的博客一步步走过来的。他的博客内容不多，但篇篇精彩。创新工场在移动互联网还未兴起的 2009 年就开始全面布局整条产业链，就是汪华主导的。如今，创新工场已经在享受着那时独到眼光带来的红利。有关汪华的故事，网上应该能找到不少，有兴趣的读者可找来一读。这次宣讲中，传闻中他针针见血的犀利劲儿，我们算是真正领教了。他通过一连串直戳要害的问题，会把你置身于天体浴场，一块遮羞布也留不下。如果你对自己要做的事情没有想清楚，汪华这关很难通过。例如，几乎每个互联网创业者都避无可避的问题：

“获取用户有两种可持续的方式：

- 可以以近乎零成本的方式短期内获取大量用户。

- 无法快速获取用户，但每个用户的获取成本小于从每个用户那里得到的收入。

你们是哪一种？”

这个问题几乎每个创业者都能回答。但我猜 80% 的创业者可能都没有想清楚就奔着第一种方式去了，然后碰壁之后再转向第二种方式，最后变成一种不可持续的模式：用户获取有一点儿成本，获取速度不快，每用户收入近乎零。

说实话，这个问题我们当时考虑得也不够透彻。

虽然在汪华的发问下我们有些尴尬，但那次展示还是相当成功的。Alex 的演讲相当不错，我们的 Demo 也是个加分项。另外，我们表露出来的决心（创始人投入 50 万元）、对旅游的热爱、对要解决的问题有切肤之痛等因素综合起来让我们成为创新工场在在线旅游方向上的一个“备胎”。当然，我们的缺点也是显而易见的：两个创始人都没有任何互联网工作经验!

一般一个投资机构在同一个方向上只会投一支团队，因为这关乎机会成本。

在在线旅游方向上，创新工场的选择是木屋网（moveon.cn）和我们。木屋网那时已经有一个小但是建制完整的团队，我们只有两个创始人；他们的创始成员来自九城，有丰富的互联网背景和经验，而我们几乎白纸一张。显而易见，我们处于劣势。

日子一天天过去，对结果的期待慢慢转化成一种焦躁。我试探 Alex ：“如果创新工场最终没有选择我们，我们怎么办？”

“我们还是要把它做下去。”Alex 坚定地回答。

Alex 的回答使我安心许多。我们现在已经在一条“Nothing to lose”（再无可失）的路上。

几天之后，终于有了结果——创新工场选择了我们，而放弃了木屋。我们长舒了一口气，这是个不错的起步，运气站在了我们这边。

Xuwei 觉得我们和木屋很互补，热心地将他们的联系方式给了我，让我联系一下他们，看看有无合作（甚至合并）的可能性。她觉得技术人员之间会好沟通一些，如果能彼此欣赏看对眼了就最好不过。我联系了木屋的 CTO（首席技术官），说明来意后，却被对方一口回绝了。创业者有创业者的傲骨，在没有头撞南墙之前都不会死心。如果当时我们换个位置，我很可能也会拒绝他们的好意。

也许没人听说过这个来自上海的团队和他们的网站，这是因为他们的产品似乎一直没有发布。

我在进入创新工场之后的好几个月内都时不时关注一下他们，因为毕竟在同一道门前我们两家经历了一场看不见对方的“搏杀”。我很想知道他们后来的发展情况，可惜除了网站首页那个“敬请期待”的海报外，一直没有任何变化。后来因为事情越来越多，我渐渐将其淡忘。直到 2013 年年初翻阅之前的日记，尘封的记忆被打开，好奇心再次受到驱动，便又访问了这个域名。黑漆漆的网页里醒目地写着“您访问的域名正在转让出售”，让人唏嘘。我不禁想，如果时光倒流，那时创新工场的选择是他们，会是怎样一番光景？

我唯一可以确认的是就算没有创新工场的介入，“途我睿”依旧会如期上线。我们已经把我们的全部积蓄和精力赌在上面——我们可以承受轰轰烈烈的失败，但无法接受不战而降。我想，这一点是那期助跑计划里绝大多数提出申请的团队无法与我们相提并论的。对他们而言，入选获得投资就继续做下去，出局就放弃。他们并未严肃地看待创业，而我们早就做好准备，甩开膀子，开始为梦想而奋斗。

一念起，天涯咫尺；一念灭，咫尺天涯。

种子融资

最终，“途我睿”成为那届入选助跑计划的 7 支团队之一。其他 6 支团队分别是：

（1）千让网：做团购二手交易。
（2）citiport：来自台湾的团队，做 iPad 旅行指南[①]。
（3）杀价帮：做 3C 产品的逆向团购，模式有些像 priceline[②]。
（4）邻伴：LBS（基于位置服务）交友。
（5）茄子茄子：移动端的照片群组分享软件。
（6）摩卡图：为摄影师、艺术家提供的交易社区。

① 之前说过一般 VC（Venture Capital，风险投资）一个方向只投一个团队，避免内斗。但 citiport 初始跟我们在两个市场，不存在这种问题，以后还可能有整合的机会。
② 美国一家基于 C2B 商业模式的旅游服务网站。

我们都拿到了 15 万元人民币的种子投资，外加创新工场 3 个月的孵化服务。为此我们付出了 10% 的股份。不少和我们打过交道的投资人或创业者，都觉得这有些苛刻，认为 5% 左右更合理一些。对此，我的看法是先别着急算账下结论，初次创业者需要先弄清楚你想要什么和你缺什么，不要眼睛里只有钱，看到类似的投资协议书（term sheet）就先跳起来骂娘。

融资的目的

“途我睿”在这个阶段不缺钱，这 15 万元可有可无。但创新工场 3 个月的孵化服务能帮我们解决很多我们自身比较难解决的问题。

（1）**知名度**。打上创新工场投资标签的团队更容易获得其他投资者的注意。

（2）**市场推广**。创新工场的市场推广资源很不错，而且投资组合（potofolio）里的团队都能互相帮助。

（3）**招聘**。知名度的提升对招聘很有帮助，同时创新工场有很强的应届生和实习生招聘渠道。

（4）**创业学习的机会**。创新工场的孵化服务提供创业辅导课程（mentoring sessions），通过讲座和工作坊为首次创业者指点迷津。

（5）**竞争性的工作环境**。创业者和创业者一起工作，互相激发很多正能量。

（6）**人力资源、法务和财务**。小团队应该专注产品本身，这些东西不用耗费太多精力去处理。

所以我们觉得这笔投资很划算，我们缺少的很多东西，先不论成色如何，创新工场都能提供给我们。因为孵化服务占 5%，15 万元占另外 5%，我们甚至和创新工场协商可不可以我们只要孵化服务，不要那 15 万元资金，但未得到应允。

种子融资的目的不是获得资金，而是拿到下次融资的机会。如果互联网创业连种子期的资金需求自己都无法筹到，那说明你创业的时机还不成熟。[①]

投资协议

创新工场很快就给我们发来了标准的投资协议书，这是我们第一次看到这种法律文件。关于投资协议书，有些有意思的地方我拿出来说说。

① 如果不做硬件，互联网创业初期的成本可能连 10 万元人民币都不到。

期权池

期权池是为未来的核心员工预留的用以吸引和保留人才的股份，一般在10% ~ 20%。VC 会要求投资前设立期权池（如果没有），或者将期权池补充到合适的水平（如果有但可分配比例太低）。VC 通过要求期权池的大小，引入一笔投资，实际稀释的股份大大增加。Zynga 的 CEO Mark Pincus 认为“期权池就是 VC 压低你公司估值的一种另类手段”[①]。当然这个观点值得商榷。不过，一开始设立过高的期权池对创始人确实没有好处。

创新工场要求我们在投资前先设立 x% 的期权池。经过讨价还价，我们成功将其降到 y%。这里，x 和 y 是多少只有参考意义，但有一点对初次创业者很重要：投资协议书不该是投资人强加于你的法律文件，而是双方协商的结果。创新工场在这一点上非常友善，他们并未利用自己的巨大优势（相对于初次创业的我们）和我们急于获得创新工场投资从而“入伙”的心态压制我们，而是坐下来和我们比较平等地讨论，听取我们的想法。

清算优先权

这是个比较可怕的优先权，它意味着当你的公司被清算时（被收购、破产等），投资人能够优先收回自己的投资。投资人可以约定几倍的优先权。举个例子，A 轮你的公司被投资 200 万美元，给了你投资前估值（pre-money valuation）600 万美元，于是投资后你的公司值 800 万美元，投资人占去 25% 的股份。在协议中，投资人索要了两倍（2x）的优先权。后来公司做得不好，最终被人以 600 万美元收购。这时创始团队加上期权池可能还剩 50% 左右的股权（考虑种子轮 10%，天使轮 20%，初始期权池 10% 的情况），团队似乎能拿回 300 万美元。其实不然。清算优先权规定 A 轮的投资者可以拿走 200 万美元的 2 倍，即 400 万美元，然后剩下的 200 万美元中的 100 万美元归团队所有。如果公司被人以 400 万美元收购，则竹篮打水一场空，干了半天创始人和团队什么也得不到。

每轮的投资都会有清算优先权，创新工场要了一倍（1x）的优先权，也是比较中性的条款。

创业者如果有很强的议价能力，可以要求一倍（1x）的不参与分配的清算优先权。也就是说，投资人可以选择要么参与优先清算，但不参与股权分配；要么放弃优先权，按普通股进行股权清算。

① http://avc.com/2009/11/valuation-and-option-pool/

反稀释条款

投资人有权在之后的融资中选择继续投资获得至少与其当前股权比例相应数量的新股，使自己的股份不会在一轮轮融资中被稀释。

这是个很中性的条款。

关于投资协议的谈判

这里稍微多聊几句投资协议谈判时应该持有的态度。谈判的目的是最大限度上“寻求合作”。谈判的双方都有自己的核心关切，这将决定双方谈判的底线。对于 VC 而言，种子期或者天使期给你多少钱，你获得什么样的估值可能不那么重要，重要的是他们需要在你的公司里有存在感。如果无法满足他们的这种存在感，他们宁可不投。因此 VC 对股份的要求有自己的底线。创业者在这个时期的核心关切是在不影响公司控制权及之后投资的前提下，活下去。不成熟的创业者只重视自己的核心关切，而不管对方的关切，往往会把局面弄得很僵。

等待进入创新工场

签下投资协议后，我们放弃了之前进行到一半的公司注册程序，改为由创新工场来帮忙代办公司注册事宜。代理注册公司毕竟让人心里觉得不踏实，创新工场帮助注册我们就放心很多，没想到这在之后给我们开了个不大不小的玩笑：因为名字审核的问题，我们的境内公司无法注册为“途我睿信息技术有限公司”（同样的名字在朝阳工商局审核通过，但在海淀工商局就无法通过。当时我们还没想到途客圈这个名字），我呕心沥血又想了三个名字，继续悲剧，我一气之下以途字开头想了八个名字，其中四个两字，四个四字，最终被核准的是“途儿汇智”这个让人哭笑不得的名字。

剩下的事就是静静等待 5 月底助跑计划的正式开始。

早期产品

与申请助跑计划同步进行的是途我睿产品的开发。事实上，从 1 月我与老板沟通了辞职事宜后，每个周末我都投入 20 小时左右的时间在途我睿的构思和开发（包括学习）上。

概念

途我睿的目标是“让自助旅行变得轻松智能”，这是一个很大的目标。做互联网产品，想法宏大不是件好事，因为要么无法面面俱到，要么干脆做不出来。如果你想打造太阳系，你最好先把太阳做出来。

所以我把问题进一步缩小为“让旅行计划的制订更轻松，更智能”。对于这个范围缩小了的问题来说，解决方案也不是那么显而易见。我们无法从硅谷的创业网站中找到答案，因为对于大部分美欧旅行者来说，中国自由行旅行者面临的问题都不是他们的问题。

- ❑ 语言不通。担心自己低水平的英语在目的地成为绊脚石。
- ❑ 请长假旅行比较困难，所以一定要把有限的时间充分利用起来，优化路线到极致。
- ❑ 一次去好些城市。
- ❑ 手头紧，自然想少花钱多办事。

所以硅谷的面向在线旅行的创业公司几乎没有往旅行计划这个方向发展的。与我们想法最接近的 tripit 走的是旅行预定管理的路线，是旅行计划的一个子集(这从另一个侧面说明我们想解决的问题还是有些太大了)。

我最初的解决方案是将旅行计划这件事与购物做个类比。这样做的好处是用用户熟悉的东西去类比我们的不那么容易理解的服务，这样他们更容易理解一些，也容易建立对应关系。

那时大家已经很熟悉淘宝、京东这样的电商网站的购物流程，挑选商品，加入购物车，结账。在我眼里，旅行计划有类似的模式：挑选景点（城市），加入行囊[①]，分配到每一天，生成在线和可打印的计划。

抛开我们解决的问题是否是一个有大众持续需求的问题[②]，就这个问题本身，

① “行囊”这个词是后来出现的，当时我叫它旅行车（购物车的翻版），一个非常怪异的名字。

② 这个争论贯穿了途客圈的发展。Xuwei 认为这是个小众需求，是伪需求；我坚持这是真实存在的需求，虽不够大众，但是个好的切入点。事实证明，我错了。

我觉得类比购物体验是一个很好的解决办法，别人容易听懂，做起来概念清晰，而且很多指标可以从电商那里借鉴。如 SKU（stock keeping unit，保存库存控制的最小可用单位），每个景点、每个目的地服务都可以是一个 SKU。可惜的是，正如途客圈的发展一直在质疑和改变中进行一样，类比购物体验的想法，在我们产品的第三个版本中被彻底抛弃。

技术选型

在当时，我没有任何互联网产品的背景，但学习和写代码一直是我的强项。在 Juniper，我也做了好几个很小很小的 Web 工具——coredum 分析工具、每周报告分析工具等。C 语言和汇编对我要做的事情几乎没有任何帮助[①]，好在那时我对 PHP 和 Python 已经是轻车熟路。于是我开始了艰难的技术选型之路。

语言和框架

我从以下几个方面去考察编程语言和框架。

（1）我自己要懂，且容易上手。
（2）开发成本不高，能够快速开发。
（3）有不错的测试框架（方便日后做持续集成）。
（4）社区支持好，文档丰富。
（5）招人成本不高。

我自己用了 7 年的 C 语言（全职），5 ~ 6 年 PHP 和 Python（个人的小项目），3 ~ 5 年的 C#（集中在我大学阶段和职业早期），几个月的 Java、Ruby 和 F#（纯属兴趣爱好）。

C 语言可以直接抛弃，做互联网的写代码还去考虑 ELF、栈溢出、缓冲区泄漏太伤神；C# 和 F# 也抛弃，除非我想绑在微软的架构下，支付高昂的总体拥有成本（TCO）（当然，想借力 BizSpark 的创业者可以考虑，毕竟 3 年内免费使用全套微软产品的诱惑很大）。

Java 是一个巨大的诱惑，太多优秀的开源项目让你忍不住想使用 Java。不过 Java 不适合快速开发，对团队能力和规模挑战太大，于是也被抛弃。但是开发一些关键的引擎会用考虑使用 Java 现成的工具，如 Mahout（当时的想法简单，

① 但并非完全没用，C 语言的功底还是能让我快速阅读一些开源项目的代码，如 Redis。

Mahout 最终只出现在架构图中)。

入围的就剩下 PHP、Python 和 Ruby。这三者都能很好地满足第 2、3 和 4 条。

虽然那时 Symfony 是我最熟悉的框架，但我并不喜欢 PHP。骨子里的陈旧让它无法与 Python/Ruby 这样更“动态”的语言相媲美。symfony 模仿 Rails，但实现得很吃力，Ruby 里 method_missing 这样美妙讨巧的甜点在 PHP 里几乎是个梦魇[1]（好吧，我 PHP 功底很弱的)。这就是 symfony 无论如何也无法赶上 Rails 的最重要的原因：它被 PHP 语言的限制给束缚了。按照 Paul Graham 的说法，语言的表现力上：lisp >> Ruby ~ Python > PHP >>>> Java/C 等静态编译语言。

我非常赞同这一观点。另外，PHP 不太适合开发后台服务，如写一些守护进程（daemon)，这样后台的服务还需要用别的语言，所以 PHP 出局了，我决定从 Python 和 Ruby 中选择一门语言来实现途我睿。

在花了不少时间分别学习 Ruby/Rails2 和 Django[2] 后，我决定使用 Python。基于以下理由。

（1）Ruby 的很多特性太灵活，如开放类的修改，太灵活可能不利于团队开发(这点现在看来是我当时的偏见)。

（2）使用 Ruby 做项目的工程师很难招。从招工程师的角度来看：PHP >>>> Python >> Ruby。Python 工程师不好招，但合格的 Ruby 工程师几乎招不到。

（3）我对 Python 的驾驭能力比 Ruby 高至少两个等级[3]。

现在回过头来看，第三点是最关键的，第一点和第二点其实都不那么重要。具体原因如下。

（1）畏惧来源于无知，我不懂 Ruby，所以害怕它的灵活。

（2）创业团队要小而精，两个很棒的 Rails 工程师抵得上一打 PHP 工程师（从开发效率上看)，使用 Rails 的工程师在当时算得上是极客（geek)，找出牛人（ace player）的概率很大。

---

① Python 有类似的语法 getattr。

② Python 的 Web 框架很多，选择 Django 主要是看重了它的文档和社区支持度。

③ 在 Dreyfus 模型中，能力分成五级：novice → advanced beginner → competent → proficient → expert。我的 Python 水平大概在 competent 这个级别，而 Ruby 仅仅是 novice。

最终我确定了使用 Python/Django，然后就开始一门心思地学习，边学边做途我睿。Django 有着可能是这个世上最好的在线文档，学起来毫不费力。

数据库选择

我主要考察的数据库有 MySQL、PostgreSQL 和 MongoDB。对于这三种数据库，我都有一些经验，其中以 MySQL 的经验最为“丰富”，毕竟之前做的小项目都是用 MySQL。

我对数据库的要求如下。

（1）支持地理位置查询。比如，两地间的距离，一个景点方圆几公里都有什么景点，离一个景点最近的景点是什么……

（2）适合快速开发，有成熟的 ORM/ODM。

（3）容易部署，至少主从（master/slave）的部署不复杂。

（4）开发效率高。

其中第一条是决定性的，因为地理位置查询是我们很多操作的基础。MySQL 因此出局（其实 MySQL 还是可以做类似的事情的，只是当时不懂），剩下 PostgreSQL 和 MongoDB。PostgreSQL 是 GeoDjango 的默认数据库，而 GeoDjango 提供了一套强大的可开发 GIS 的系统。此外，在地图上进行遮罩这种很高阶的功能 GeoDjango 也支持。因此，GeoDjango 和 PostgreSQL 便成为我的首选。我从一个开源的项目——everyblock① 开始学习 GeoDjango 和 PostgreSQL。

然而，两个月后，我发现 GeoDjango/PostgreSQL 的学习成本和曲线太高，要掌握它及其背后复杂的 library 非一日之功。复杂是创新的敌人，当你把全部精力用在应对复杂后，你已经无力去思考去创新。因此，我决定舍弃 GeoDjango/Postgres 和在此基础上完成的项目，转向 MongoDB。

MongoDB 仅仅支持范围查询（within）和附近查询（near），对于我们的项目来说，最核心的功能已经能够实现，目前基本够用了。相对于 Postgres 的复杂，MongoDB 很简单、轻便，语法也很容易上手。此外，MongoDB 很容易部署，因此第 1、3 和 4 条都符合得很好。然而，让我在 MongoDB 和 PostgreSQL/GeoDjango 纠结以至于一开始没有使用 MongoDB 的原因在于：Django 对 NoSQL

① 写这本书的时候，我很遗憾地发现 everyblock 已经关闭服务。其之前开源的源代码依旧可以在 GitHub 上查看：https://github.com/brosner/everyblock_code。

没有支持！这意味着我不得不放弃近半数的 Django 功能，尤其是其引以为豪的后台生成器（admin generator）。这让人抓狂！

最终，支持地理位置查询和快速开发的优点使我选择了 MongoDB。

心得

技术选型是一个项目开始最重要的事情，多看多问多写，而不要一拍脑门就做出决定。

在架构上，Han 给了我很大帮助，我把我对架构的想法用 Keynote 演示给他，听取他的意见。很多东西我当时都不懂，如消息队列，他很好地帮我弥补了这些知识。

技术最终要为产品、团队和用户服务。懂一些技术的投资人有时候会不经意问起来你为何用 Python，为何用 MongoDB，他想听的不是仅仅因为 Python 速度快，MongoDB 的效率比 MySQL 高你就选用它们，而是你在选型过程中的综合思考。

架构杂谈

互联网产品的架构很复杂，需要分成几个部分去考虑。

（1）**服务器配置**。网站的结构是什么样子的，几台服务器，它们之间什么关系，以后如何扩展。最好还能考虑上线时的拓扑以及 3 个月后可能的拓扑。

（2）**服务端架构**。打算用什么技术 / 框架 / 库 / 开源软件实现服务器端软件。例如，用什么搜索框架，用什么缓存框架，用什么消息队列，用什么协同过滤 / 推荐引擎。

（3）**前端架构**。打算用什么技术 / 框架 / 库实现客户端软件（包括 Web 客户端和 App 客户端）。例如，以 Web 客户端为例，用什么 DOM 框架，用什么 MVC 框架，用什么库来简化开发，用什么 UI 组件，用什么 CSS 框架。

（4）**软件架构**。系统有几大对象，它们之间是什么关系，模块怎么划分，关键路径的数据流怎么走。关于架构，一定要多问有经验的人士，因为，有时候你自己没有某方面的感觉，甚至不会想到问自己什么问题（答案是什么有时候并不重要，重要的是问对了问题）。

开发

确立了要做的产品、使用的架构后，我和 Alex 草草敲定了产品的功能和 UI（用户界面）。我们缺乏互联网产品经验的问题在这一刻开始显现，从此我们做了很多不那么正确的决策，走了不少弯路。我们之前的行业追求的是性能、可扩展性和高可用性，UI 很次要[①]。所以我们几乎都没有美感，也不知道怎样更能打动消费者这个群体。有一次我在国家图书馆结识了新浪的 Liujia，她对途我睿很感兴趣，在产品上提出了不少自己的见解，可惜那时我对产品设计师这样一个职位没太多认同，觉得自己兼任足矣，于是错过了产品上的一次提升。

要构建旅行计划，首要的是构建结构化的景点数据库。景点库可以用用户产生内容（User Generated Content，UGC）的方式生成，但是你需要有基线数据让你的用户用得起来这个服务。所以途我睿一开始就面临两重冷启动的问题：数据的冷启动和用户的冷启动。用户冷启动可以先放在一边不管，可数据冷启动迫在眉睫——它是一切的基石。

我想到的方式就是爬数据。当时国内旅游类产品没有太好的提供结构化信息的网站，尤其没有介绍国外景点的。因此我把目光转向了 TripAdvisor（猫途鹰）。我们当时盘算“爬”下 TripAdvisor 的景点的数据，然后将名称和描述翻译过来，就变成我们的数据。这么做有些游走于灰色地带，但我们对数据做了深度二次加工，几乎没有原始的痕迹。所以虽然这不太光彩，我们当时别无选择。

TripAdvisor 的页面 DOM 结构不是特别好，用 Scrapy 爬有点儿费劲[②]，正当我研究怎样更有效率时，Alex 发现了 Gogobot，它的结构很漂亮，数据基本来自 TripAdvisor[③]，所以我就开始抓 Gogobot 欧洲的数据。

一个晚上就有几万条景点被“爬”下来。我又做了一个内部系统 toureet.me 用于在线翻译。Alex 在网上找翻译人员，约定每个景点的翻译价格，然后可以用这个系统给第三者开账户，供他们翻译及结算。就这样，他负责景点信息的整理，而我则负责产品的开发。我在 AWS 注册了 3 个账号，用 3 台免费的最小

① 当你花钱去雇个工程师专门来配置某个设备的时候，UI 的一致性比它的美感要重要得多。

② DOM 是文档对象模型，是网页在浏览器的内部结构。爬取一个网页意味着将关键信息抓取下来结构化，使用的方法是正则表达式匹配或者 XPath。Scrapy 是 Python 的一个异步抓取框架，可以使用 XPath 匹配 DOM 中的元素并放在对应的数据结构中。

③ gogobot.com 是一家比我们早一些的创业公司，Google 的 Eric Schmidt 也对其投资过。几度改版，现在似乎发展得很一般。不知道是否与 TripAdvisor 有协议，它获取了几乎所有 TripAdvisor 的景点数据。

计算单元（tiny instance）来运行还在襁褓中的途我睿。每天我都会把最新的版本上线。

回过头来看，双重冷启动对像我们这样一个创业公司来说是很要命的，我们提供了一个工具来创建旅行计划，但这个工具需要有大量的 POI 才能让用户无障碍使用；然而大量的 POI 完全靠我们本身产生并不现实，所以我们期望以后有海量用户的时候，用户能自然帮我们完成这件事。其他依赖用户产生内容的网站，如论坛、帖子（主帖和回帖）就是用户唯一要创建的内容，内容和内容间没有依赖性。但在途我睿，用户要创建的旅行计划，严重依赖 POI，如果没有用户要使用的 POI，它需要自己创建。两种有依赖性的内容大大增加了用户创建的成本，为了降低这种成本，我们被迫维持一个“庞大”的编辑团队来为用户创建 POI。这让我们的人员结构从一开始就往臃肿的方向发展。当然，如果说我们能跨过这个坎，让用户增长的红利启动网络效应，那我们的城堡外将建起一道宽阔的护城河。

我们后来得出的教训是：小团队一开始要避免做太复杂的、用户使用成本高的产品——尤其是要避免在数据和内容方面双重冷启动。

与 iWeekend 再续前缘

正式进入创新工场前，我大部分的开发时间都在国家图书馆和 costa 咖啡馆度过。Alex 在此期间回了趟家，而我又参加了一次 iWeekend。这次跟上次不同，两轮筛选，先是 20 秒的“电梯演讲”，让大家对你的想法有一个感性的认识，投票后入围的 10 个想法可以做 3 分钟的完整演说和 2 分钟的问答，让大家更深地了解你的想法，再选出 5 个想法进入到周末的孵化。20 秒的演说我抛弃了原来的稿件，除了介绍我自己和我的梦想外，一句话概括途我睿：“让制订旅行计划像在当当购物一样方便；获取帮助像知乎问答一样有效。”

第二轮筛选的时候，由于途我睿的可运行版本已经在 AWS 上正常运行，所以我干脆把网站的重点功能给大家展示了一下，这一下子成为了我们的杀手锏。不管我怎么讲我们的网站有多么不同，很多人心里的印象还是携程、穷游、51766、途牛的样子，可当我把途我睿里罗马的页面秀出来，展示行程安排的页面时，与那些喜欢旅行、想要旅行的人产生了深刻的共鸣。当时的产品原型如下图所示。

最终，我们的项目成功入围，并随之组建了一个 8 人的团队。

会后，很多人找我聊，都表示很喜欢我们的想法。金沙江创投的合伙人 Peng 还约我下周一起聊聊。

由于团队人员较多，互相认识并浏览了我们现有的商业计划后，我把团队分成了两个部分：商业计划组和产品组。巧的是产品组的 Nick 由于之前做过旅行计划网站 entrip.com——一个围绕着 Google 地图做旅行计划的网站，所以有很多经验分享给大家。entrip 有些生不逢时，在 2008 年需要融资的时候遇到了金融危机，再加上其他的问题，公司基本解散。这次 iWeekend 之后，我们邀请 Nick 成为我们的顾问，请他为我们的创业之旅提供建议。

讨论的过程中，不断地有创业前辈过来与我们交流，我们由此学到了很多知识。街旁的创始人 David 传授给我们的经验是：发布之后首先应该专注可控的核心用户群体，满足他们的需求，并专门围绕他们做很多线下的服务，甚至手把手教他们如何进入我们的系统，把这部分用户做实，然后再扩展。David 尤其分享了街旁一开始是如何在线下吸引与服务初始的核心用户。

周日一大早我就到 Oracle（本届 iWeekend 的主办地），令我惊奇的是另一组的成员们竟然已经到了——原来这群工程师们头天晚上整夜都在这里工作，搭建产品，真的令人非常敬佩！这才是黑客马拉松（Hackathon）精神！

下午 Alex 也从广州赶回来，加入到我们的讨论中。我们的演示策略是：首先通过一个故事引出我们要解决的主要问题，然后再通过 Demo 展示我们如何解决这个问题，引起大家的思考和兴趣，进而给出市场的容量，我们的盈利方式，如何获取早期用户，以及我们前 6 个月的计划。

演讲的过程波澜不惊，我的表现算中规中矩吧。在回答问题的时候出现了一个小插曲，我想把网站的功能秀出来给大家看，不料演示的笔记本的无线网卡似乎出了问题，连不到服务器。墨菲定理（凡事可能发生，就必然会发生）在我身上应验。

我们没有胜出，最终胜出的团队比较出乎我们的意料，社交博弈系统（social gambling system）是最后的获胜者。虽然有些不服气，因为从商业模式、产品成熟度，甚至演说本身，我们都应该是胜出者，但这就是事实。我倒没有太多的失落感，因为我们最终的目的是要做一个完善的产品服务我们的用户，而不是去拿一个个的奖章。我只是感觉挺对不起大家这两天多的辛勤劳动。

创业的日子就是这样，每天充满着意外和挑战。很快，我们遇见了第三位合伙人——Kent，他的到来让途我睿的创始团队表面上趋于完美。

完善拼图

Kent 是在知乎上私信找到 Alex 的。在 Gullivers（Gullivers Travel Associate, aka GTA）浸淫多年的他，一直琢磨着如何提升自助旅行者在行程准备阶段的体验。可能很多人对 Gullivers 或者 GTA 感到陌生，事实上，当我第一次听到这个名字时，我也一头雾水。Gullivers 做 2B 的生意（闷声发大财），支撑着许多众所周知的 2C 的旅游机构和网站，为其提供酒店分销和其他众多旅游产品。Gullivers Traval Associate 这个名字来源于《格列佛游记》（*Gulliver's Travels*），我也是后来 Google 才知道 Gulliver 就是大名鼎鼎的格列佛。

Kent 想到了做一个工具帮助用户制定合理的行程。创业者都是这样，当你脑袋里装着一个闪闪发光的点子时，排除万难你也想实现它。因为自己不会编程，Kent 就用 Axure 做了一个原型出来，然后找他所认识的工程师看要花多少钱可以实现它。结果没有人愿意接单，都觉得太难。于是他就在知乎上寻找答案。无意中 Kent 发现了 Alex，在寥寥数行字里欣喜地发现途我睿也在做相同的事情，于是立刻联系 Alex 请求见面。此时 Alex 正在准备去西雅图，开启他的美国之旅。于是，Alex 临行前的那天下午，我们聚集在国瑞城 costa 咖啡馆，试探彼此的兴趣。

在遇见 Kent 之前我对旅游行业的认知如一张白纸：国际机票和酒店是如何销售的？一级级代理是如何分账？我们怎样从中分到一杯羹？我只知道 booking.com 提供分销计划（affiliate program），如果为其导入流量产生订单，就可以获取佣金收入。Kent 给我们普及了机票酒店分销的知识，以及 Gullivers/ 中航信这些批发商在其中的作用。那次交谈很愉快，我们很快就建立了互信。Kent 把他的 Axure 原型拿出来给我们看，我们也把我们当前可以运行的系统展示给他。3 台 13 英寸的 Mac Book Pro 摆在小小的咖啡桌上，有些拥挤，但看上去很和谐。Kent 是个坚定的“果粉”，我跟 Alex 则刚刚入门。人的感觉真的很奇怪，有些人你相处了好几个月都不能充分信任，但有些人仅仅几个小时你就愿意和他一同干一番事业，这也许就是气味相投吧。

我们就这样谈定了未来途我睿的框架。Alex 主管融资和日常管理，Kent 主管商业开发和内容运营，我负责产品开发。因为 Kent 的孩子即将出生，考虑到他花钱的地方还很多，而途我睿现在不差钱，我们就没要求他投入资金，仅象征性地放入 1000 元，成为内资公司（途儿汇智）的股东。我跟 Alex 商议拿出 10% 的股份给 Kent，分两期配置：加入后 5%，获得天使投资后再给 5%（均从 Alex 和我的股份中按比例拿出），同样是 4 年的行权期。这样，如果天使轮融出去 20% 的股份（再除去种子期的 10%，还有计划中的期权池），我们 3 人的持股比例大致是 30%、20%、10%，算是一个比较合理的分配。Kent 也欣然接受。

至此，我们已经有了一个坚实的创始团队。

组建团队

创始人最终敲定下来，接下来说说创始团队。

如果说要给创业史上最误导性的语言排个名次的话，我一定会把“你应该只雇用牛人”排在第一。这对于前景相当不明朗要钱没钱要人没人的初创公司来说毫无意义！能力超群又积极主动的人要么在大公司被金锁铐锁着，要么自己正在创业，要么等待成为某个创业项目的合伙人，所以几乎轮不到你来雇用。事实上，绝大多数创业公司都很难找到牛人，绝对不能“只雇用牛人”，否则你肯定招不到人。依托着创新工场的光环，我们的起点已经相当不错，但这仍然让我们在招人上十分吃力。如果说要我在招人上给点什么建议的话，那就是“你应该雇用你能找到的最好的人”，招你能找到的最好的人，尽一切可能培养之。

菲姐是我们的第一个正式员工。她的名字有天后范，所以我们叫她菲姐。菲姐原来是 Tech Target 的编辑。很长一段时间她都在兼职为我们做翻译。在众多兼职翻译中，只有寥寥几个达到了“信达雅”的要求，菲姐是其中最优秀的。她有网站编辑的背景，不错的英文底蕴，再加上我们的模式迫使我们不得不建立一个内容团队，所以菲姐成为 Alex 第一个考虑的员工。招募菲姐的时候，我们已经敲定进入助跑计划的事宜，至少脱去了“皮包公司”的外衣，变得可信起来。在三里屯的老书虫书吧（菲姐的老东家在那附近），菲姐答应成为途我睿的员工。Alex 和我欣喜若狂，因为这意味着途我睿成了一家真正意义上的“雇主”。

那天发生了一个小插曲。我们激昂地描述未来的美好愿景时，吐沫星子砸到了好几桌外的一个年轻人。他静静地听着，然后礼貌地走来和我们交换名片。他是“24 券”的 CTO。那时“24 券”在团购圈还是一个响亮的名字，也许也还是一个有前途的好公司。他们有大笔的、在我们看来几乎烧不尽的融资（5000 万美元），所以似乎前途光明。可没想到一年半后，“24 券”就在满身的丑闻和对员工的巨大伤害中倒闭。在创业者的死法中，这可能是最难堪、最抬不起头的一种死法了（当然，这估计跟 CTO 没太大关系）。

5 月底我们进入创新工场，开始扩充团队，又招了两三个实习生参与到内容的编辑中。内容编辑实习生好找，创新工场的大旗一挥，应试的学子蜂拥而至。Alex 不得不从成堆的简历中筛查，以至于后来他戏谑途我睿的实习编辑，没有出国旅行或交换的背景不要；可是后来招进来的妹子一多，男女比例严重失调，不得不对男性编辑大大降低了门槛。在第三极大厦 17 楼助跑计划孵化营中，途我睿是个让人艳羡的团队，我们拥有也许全世界男性工程师最理想的工作环境——男女比例 2 ∶ 5。

在创新工场工作的日子我已经渐渐感到吃力。对工程师来说最享受的后端开发已经基本接近尾声（仅对那个迭代而言）。其实还有很多功能，如活动流、通知等都还没做，但从用户登录到目的地浏览，再到创建旅行计划的流程已经完工。前端的 jQuery 插件（那时我对 JavaScript 的了解还很浅薄，不知道有 Backbone 这样的 MVC 框架，更别说现在流行的 Angular，所以前端的应用都包装成一个个 jQuery 插件）也做得差不多，剩下的是对 UI 的雕琢。撰写 UI 是一件极其痛苦的事情——Twitter 的 Bootstrap 框架尚未出炉（2011 年 8 月才开源），我只知道 Blueprint CSS(一个很基本的 CSS 框架，CSS 框架的鼻祖），所以就在 Blueprint 的基础上吭哧吭哧地垒 UI。工作时，我是典型的后端工程师写前端的做派——在纸上随手画出原型，就直接写 CSS 和 HTML。我不会用 Photoshop/Fireworks 画图标和配图，所以我做出来的页面就像整容前的韩国女星。很多时候，我都不得不求助于旁边的千让团队，请他们在闲暇时帮我做几个图标。我第一次感受到了人手短缺的痛苦。

我急切地需要一个设计师。

Leanne 就这样进入到我的视野。她是北理工的研究生，学工业设计，在德国交流学习过，也非常喜爱旅游。她的作品集让我这个没有艺术细胞的人感受到了设计的美感。但是 Leanne 不会 CSS/HTML，没有前端的经验，招过来只能画图，我有点犹豫招还是不招。然而设计师不比编辑，有大量资源可以筛选（我没有贬低编辑的意思，但我们的编辑职位几乎所有专业的学生都可以应聘，而设计师、工程师这些技术性很强的职位基本上只有学过的人才敢报名。这是最大的区别），好容易碰到一个，轻易放弃，心有不甘，再加上她还是学生，有半年的时间可以好好调教，于是我最终选择了她。Leanne 的到来让我有所解脱，不必再纠结于颜色、图标等事情，可以专心写代码。我尝试着给她做过两三次 HTML/CSS 的介绍，但效果一般，加之自己越来越忙碌，就没有继续下去。

考察 Leanne 的同时我开始疯狂地招工程师。

基本上，有抱负的人选择做一名工程师基本上就选择了一条不归路。你是黑客，是手工艺人，怀揣着“改变世界”的理想。工程师的快乐正如工程师的苦闷一样，难以用语言表达，只有工程师才最懂工程师。很多时候我写到兴奋时会突然举起手来想拍旁边那个人的肩膀说，“嘿，可以用 Decorator 来消除 API 中的很多重复性检查……”，然后猛然发现 Alex 正一脸茫然地看着我，那眼神仿佛在跟我说：“你是从火星来的吧。”尽管 Alex 和 Kent 都是学计算机出身，但在这一点上，我们几乎没有共同语言。

我那时每天早上不到 7 点到创新工场，晚上九十点离开，一天基本工作 12 ~ 14 小时，一周 7 天（公司要求 6 天）。我知道我不能以我的工作方式和态度要求非工程师的工作人员，因为他们有自己的时间安排。所以，一天有五六个小时都是我一个人独处，周末更是如此。

我感觉很累。我想找个工作上的伙伴，就是那种能跟你一起写代码，讨论问题的人。

Nanfang 在这个时候出现并拯救了我。他给创新工场的招聘平台发了一份简历，然后，我抓住了它。他的简历是用英文写的，还没细读，我就一眼就相中他——因为上面赫然写着 ThoughtWorks。ThoughtWorks 对我而言是个如雷贯耳的名字，那时在技术方面 InfoQ 是我主要的信息来源，而它几乎是 ThoughtWorks 的大本营，上面有各种各样关于敏捷、语言，以及最佳实践的文章。我读过的有那么几本不错的技术书，要么是 ThoughtWorks 的人翻译的，要么是 ThoughtWorks 的人写的。所以我觉得 ThoughtWorks 是个藏龙卧虎的地方。

于是我迅速约他见面。在一个周末的中午，我见到了他。我已经不记得那次会面我们交流了些什么，只记得他手中捧着一本《松本行弘的程序世界》。技术圈外的人可能不知道，那是一本看起来在讲 Ruby，但更多是探讨设计思想和方法的经典著作。在我看来，没读过《黑客与画家》《松本行弘的程序世界》的程序员不是好工程师。我自己是个爱读书的人，所以我看高一切平日里抓紧一切可用时间读点东西的人，这再次印证了气味相投。Nanfang 在来面试的路上还在看书，这让我对他有了极高的好感度。后来加入团队的 Tao，Yonglin 都是因为喜好读书，一下子吸引了我。

我面试工程师的时候重点考查三点。

（1）学习的意愿和能力。创业过程中有太多太多的东西需要学习，因此一个主动学习者更能适应创业的环境。

（2）编码能力。招来的人需要能够尽快撰写和已有系统一脉相承的代码。面试完成后，我会给候选人发一份试题，包括 4 个很基本的 Python 程序，1 个 Django 项目，一周内做完。我唯一的要求是写出健壮的，可运行的代码。后来进一步要求候选人自己把 Django 项目部署到 Heroku 上。虽然考题简单到不能再简单，但大部分人的代码很难过得了健壮性这一关。

（3）对旅行的热爱。如果你爱一份工作，那么你干好它的源动力会很强。

Nanfang 完美符合这三点。事实上，他是我当时遇到的最好的极客。途我睿因为拥有 Nanfang 而幸运，我也因为曾和 Nanfang 共事而收获颇丰。坦白地说，他在 Python 上，以及在软件工程上的造诣要比我强很多。可惜的是，我没有留住他，4 个月后，他离开了途我睿。Nanfang 为何离开及其中的教训，我后面会专门开辟一章来谈。

优秀的人的工作是以周，甚至是天来计算，平庸的人是以月，甚至是年来计算。员工的工作年限或许跟忠诚度成正比，但跟贡献则未必相关。有些人一个月的工作顶得上别人一年的工作。Nanfang 就是如此。在这 4 个月里，他让我进步很大。Paul Graham 说优秀的程序员是平庸的程序员的产出的数十倍，所以用高出一两倍的薪水得到他们是笔很划算的买卖，我深以为然。

暑期来临，编辑的队伍开始壮大。我的妹妹 Hanhan 从 GE（通用电气）实习完毕，加入了途我睿，成为一名编辑。Hanhan 刚从广东外语外贸大学毕业，当时还处在毕业学子的迷茫期，不知道自己的未来在哪里，也不愿意在 GE 这样的大公司里工作。我征求 Alex 的意见，招她做英文编辑。我不是圣人，做不到“外举不避仇，内举不避亲”，但我知道，以她的英文底子，这份工作并不算“高就”，她肯定能胜任。

天气越来越热，人也越来越浮躁。看着渐渐庞大的团队，我心里充满了虚荣的满足。助跑计划里别的团队基本还保持最初的人员结构，我们已经几倍地膨胀着。每每收到一份 UX（用户体验）或开发背景的应聘者的简历，我们总是第一时间去抢夺。那种感觉，就像自助餐吧里新上了三文鱼刺身，不管自己是否吃得了，先捞一盘再说。我后来认识到这是个深刻的教训：*在创业初期，只有在你自己因人手缺乏而深感痛苦的时候再考虑扩充人手，否则人员膨胀会很厉害。另外，要招有潜质的多面手。*

尽管现在看来毫无节制的招人是我们当时犯下的一个严重错误，但不得不说这个阶段招来的人撑起了后来途我睿（途客圈）的骨架。

iduu 就是这个时期我们抢到的一员大将。当时同济三年级的他，已经有丰富的国外交换和旅行的经验，酷爱互联网，做得了一手好图，也写得了 CSS。在创新工场，这样的实习生是每个团队梦寐以求的——个人能力出众，还有一年的时间来实习，所以自然炙手可热。途我睿的方向让 iduu 的选择变得容易，他拒绝了那些更大，已经有辉煌融资史的团队，加入了我们这个还未定生死的小团队。

很快，我们的编辑团队又迎来了学财务出身却又非常想趟互联网这滩浑水的 ET。

助跑计划结束后，途我睿又先后来了做过互联网运营，非常向往创新工场的 Tun 哥，中文系女才子、文笔一流的 Nanhan，以及毅然弃医从文从成都辗转到北京的 Tuotuo。三人的加入一下子壮大了正式员工的队伍，编辑团队开始显得异常臃肿。因为这段时间我很忙，没有跟这三人见面。知道我们又敲定了三个正式员工后，我跟 Alex 和 Kent 商量，终止了在编辑人员上的招募。

Tuotuo 是个不得不提的奇女子，加入途我睿后，她在创新工场大家庭的自我介绍中这么说：

学医八载，行医两年，终追随吾心，弃医从“途客”。

真是霸气侧漏。她当时是名正在成都工作的医生，跟我同岁，本该在无比安逸的成都好好行医，工作之余打打麻将，过着珍惜生命，远离互联网的美好人生，可她无意看到了李开复在微博上转发的途我睿的招聘公告，心中那团“想过不一样的生活，做更有意义的事”（Tuotuo 原话）的星星之火噌的一下就冒出来，于是给我们写了一封热情洋溢的应聘邮件。看到这封邮件的时候我眼珠像要发射的子弹，几乎夺眶而出，下巴则砸到键盘上，整个人都要傻了。我从未感觉过有这样一种力量，可以把相隔千山万水的人联系起来，为了做成一件事，如此不惜代价。当然，为了证明她不是一时激动，Alex 和 Kent 好好地跟她电话聊了聊。要知道，中国不比美国，离开一个城市意味着失去太多太多。在成都你是堂堂正正的当地人，在北京你得“暂住”；在成都你有房有车，在北京你得忍受房东的白眼和被逼的漂泊；在成都你有让人艳羡的工作，闲暇之余搓麻养生；在北京你的工作朝不保夕，闲暇之余只能苦中求乐。

我猜想 Alex 和 Kent 在面试完成后，就像神父对新郎新娘宣读结婚不可避免的各种义务一样，把上面的各种苦难罗列了个遍，然后忐忑地问：“你愿意吗？”

Tuotuo 的回答坚定而刚毅：“我愿意。”

于是，途我睿这个神奇的团队有了位神奇的团队医生。Tuotuo 之所以被我们称为“佗佗”，也是来源于她的医师背景，Nannan 以《三国杀》中的名医华佗为她取名。有时大家开玩笑说我们干脆给创新工场的所有团队提供医疗服务，诊金也是一大笔收入啊。

Tuotuo 带给大家的“谈笑有鸿儒，往来无白丁”（她的名字来源于这句赋）的惊喜还未散去，Tao 闪亮登场。Tao 也是位创业者，北大数学系毕业的他，和好友想到了一个校园打印服务。他的项目申请了第三期助跑计划，可是因为项目未来的发展空间问题被拒之门外。但助跑计划的负责人大白认为他是块还未雕琢完毕的璞玉，日后必定闪光，问我有无兴趣一见。对于拥有开发背景的人我来者不拒，就约了他在 beta 咖啡见面。和 Nanfang 一样，当我见到 Tao 时，他手里捧着一本书，这让我顿生好感。Tao 有着北大人特有的聪明、敏锐、雄心勃勃，以及与他年龄不符的成熟。聪明人都很清楚自己想要什么，当你能提供时，他充满能量，鞠躬尽瘁；当你无法或拒绝给予时，他伤心蹉跎，黯然离开。我看得出 Tao 想要的就是一个能让自己发挥才干，并且迅速成长的空间。尽管聪明人要难于驾驭一些，但和他们合作非常快乐。Alex 和 Kent 也和 Tao 见了一下，他们的担忧是这个孩子野心很大。我觉得“野心”是个很好的词，创业需要的就是勇气、野心和坚忍。尽管当时 Tao 坦诚自己几个月后很有可能会去参加智利的一个孵化项目，但我还是力主招入了 Tao。我觉得我们有大把的时间让他在途我睿里“乐不思蜀”。

和 Nanfang 一样，从 Tao 身上，我也学到了很多东西。同样和 Nanfang 一样，最终我也没能留住 Tao。和 Nanfang 的突然离开不同，Tao 要走之前我已经感觉到他要离开的气息。然而，在当时混乱无序的状态下，连我自己都觉得离开途我睿对他而言是最好的选择。这以后再表。

在第三极 17 楼疯狂的招聘基本告一段落。助跑计划初期，创新工场给我们分配了两排共八个座位，可现在我们一排坐 5 人也坐不下。我们跟 citiport 商量，挪用了他们的工位，才把工位紧张的窘迫问题解决。到 Tao 加盟时，助跑期已结束，没有获得下一轮融资的团队已搬离创新工场，所以我们获得了大片的空间，不必挤在一方小隔板内。

现在回想那时招人的场景苦涩中带着好笑。就像赌徒在老虎机前摇到了头奖，每招到一个人，我们激动的眼眶里夺目而出的是美妙的人员增长曲线。但我们从未想过，每招来一个员工，就要为他 / 她的这段人生负责。盲目的乐观让我们将要为此要背负的责任抛诸脑后。

让我们听听 iduu 如何评价助跑阶段疯狂招聘，疯狂开发产品的日子。

> 回忆还一直停在 17 楼。第一次默契地“hmmmm”，第一次没日没夜开发，第一次用 Axure，第一次跌跌撞撞一个月就改完新版，第一次争执不下面红耳赤，第一次怒得吃不下饭，第一次也是最后一次 Git 推送，第一次加班熬夜，第一次通宵睡办公室，第一次见到用户，第一次停杯投箸不知道怎么走下一步，第一次待在马桶上想了半个钟头……那时候，每个人都活得像一个军人。
>
> 那段时间过得飞快。回过头也不禁觉得苦涩、幸福、面红耳赤，笑痴笑狂，笑自己嫩、笑自己执拗、笑自己……但我们从来就不懂什么叫退却。每一步都是自己的选择。可以嘲笑自己的幼稚、无知，但我从不嘲讽自己的选择、天真和热情。

是的，每一步都是自己的选择，不必自我嘲讽，也不必理会别人的嘲讽。生命中有多少个时刻你能够放下疑虑，勇敢地迎接美妙的不确定性？

愿景和使命

初始的团队组建起来了，我们便开始着手愿景和使命的制定。当时我们只有寥寥几人，途我睿于创业之汪洋，充其量就是个微不足道的小虾米。但谁能说小虾米就不能有成为大鲸鱼的梦想呢？愿景是一个神奇的东西，有些人对此不屑一顾，有些人却为之热血沸腾。一个好的愿景应该能触动人们心灵深处纯真的部分，勾起人们对美好的追求，并为此努力奋斗。比如说：

> Google 的愿景是：整理全世界的信息，方便人们获取。
>
> 微软的愿景是：计算机会被放在每一张桌子上，使用微软的软件。
>
> GE 的愿景是：使世界更光明。
>
> ……

什么是途我睿（途客圈）的愿景？我们为此讨论了很久，却很难达成一致。最终，我们把问题回归到一点：人为什么要旅游？

是啊，人为什么要旅游？这个问题很简单，但真问到了你，却很难给出一个让人满意的答案。我们把这个问题抛给了团队。

> 为了了解世界。
>
> 为了结识新朋友。
>
> 生命的冒险。
>
> 从紧张的工作学习中解脱出来，让身心放松。
>
> 换个环境，从自己呆腻的地方去别人呆腻的地方。
>
> ……

各种各样的理由。但是，把不少答案抽象出来，我们可以看到，大家旅游的目的其实源自人类进化过程中不可或缺的一个要素：好奇心。我们想接触未知的世界、未知的人，去探索，去发现——这一点和我一岁多的女儿在家里，爬上爬下，接触并试图了解一切她能够到的事物一样。世界对她而言，就是一间或者几间屋子，至多是小区或者几个公园；而世界对于我们而言，则远至乞力马扎罗山脚的草原落日。

我们在孩提的时候，从书本上贪婪地汲取有关这个世界的一切：古老的埃及金字塔，神秘的玛雅文明，无法解释的巨石阵，惊骇耸人的尼斯湖水怪……童年中的无数个梦想里，一定含有一个“环游世界”的梦想。

就像马云和阿里巴巴让每个人都能实现自己的创富梦一样（让天下没有难做的生意），我们期望途我睿能激励每个人去实现环球旅行的梦想，这也成为了我们的愿景：

> 把缤纷多彩的世界呈现在你的面前，鼓励更多的人追逐孩提时环游世界的梦想。

而要实现这个愿景，我们的使命是：

(1) 搜集和整理这个世界上的城市和景点。
(2) 简化烦琐的旅行计划并消除海外旅行的各种不便。
(3) 连接旅行者和旅行者，旅行者和当地人。

这就是途我睿想做的事情，小虾米的理想。现在回想起来，我依然觉得荡气回肠。

我们的第一个产品，途我睿网站，就围绕着使命 1 和使命 2；第二个产品，移动端的旅行助手，则围绕着使命 2 和使命 3。

在写本书的时候，我无意中翻到了豆瓣的一个帖子[①]——“我们为什么要旅行”。它让我感触很深，附在下面，与君分享。

> 最近的一位沙发客抄写了一段话给我，是他在尼日利亚旅行的时候别人写给他的。原文是 Kent Nerburn 写给儿子的一封信。与君共享，共勉。

> **Why We Travel**

> We need to traver, if we don’t offer ourselves to the unknown, our senses dull, our world becomes small and we lose our sense of wonder. Our eyes don’t hear the sound around us ,our experience is restricted as we pass our days in a routine that is both comforting and limitng. We wake one day and we find that we have lost our dreams in order to protect our days.

> Don’t let yourself become one of those people. The fear of the unknown and the lure of the comfortable will conspire to keep you from taking the chances a

① http://site.douban.com/106941/widget/notes/3215042/note/158374630/

traveller has to take. But if you take them you will never regret your choice. Sure, there will be a moment of doubt when you stand alone, on an empty road, in an icy rain or when you are ill in a rented bed. In the end you will be a so much happier person, that's all the risks and hardships will seem like nothing compared to the knowledge you have gained and the life you have lived.

Happy travels.

感谢 Verain's June 的译文：

我们为什么要旅行

我们需要旅行。如果不去接触未知，我们的感觉将变得迟钝，我们的世界就那么小小的一点儿，就连好奇心也将消失不见。我们的目光将不再放眼于远方的地平线，耳朵也听不到那些熟悉的声音。当我们满足于眼前的生活而日复一日的时候，它同时也局限了我们对生活的体验。当终于有一天我们明白过来的时候，将发现所过的这种生活是以我们曾有的梦想破灭作为代价的。

不要让自己成为这样的人。对未知的恐惧，对舒适的留恋将阻止我们成为一个旅行者走上的冒险旅程。可是，当你作出这样的选择，你就永远不会后悔。当然，当你孤独一人，在空旷的路上，在冰冷的雨中，或是在陌生的床上生着病的时候，你或许会有些怀疑。但是最终，你会变得更加快乐。与你所得到的知识和你所经历过的生活相比，所有的辛苦和艰难又算得了什么呢？

反复读着这段话，我脑海里突然响起《星际迷航》开头的那段荡气回肠的旁白：

宇宙，人类最后的边疆，这是星舰企业号的旅程，它所持续的使命，是为了探索陌生的新世界，寻找新的生命及新的文明，勇敢地航向那前所未至的宇宙洪荒。

我们每个个体（企业也是作为个体存在的法人）存在的意义又何尝不是“为了探索陌生的新世界，勇敢地航向那前所未至的洪荒”呢？

发布 Alpha 版本

在创新工场，确切地说是第三极 17 楼的日子是艰苦但快乐的。7 支队伍朝气蓬勃，人人都很努力地、快乐地工作着。在一个向上的环境里，即便是懒汉，也会被激励着前进，何况我们都是根本不需要鞭策的创业者。这期孵化项目的负责人，大白，就像母亲一样呵护着我们这些在襁褓中的“孩子”。她为我们解决工作上的各种问题，安排“创业辅导课程”，联系创新工场的各种资源。助跑计划后期，大白调任，接手的 Xiaoqi 同样也是位尽心尽职的好“母亲”。在她们的帮助下，我们几乎可以抛开一切俗务，全心投入产品的完善。创业初期，能有这样一段美好的时光可以心无旁骛地打磨产品，真是无比幸福。至今我很感激助跑计划，感激那段时光。

助跑计划的时光是以周，甚至以天而论的。我们那届采用的是“3+1”模式，即 3 个月的孵化期外加一个月的时间寻求投资。3 个月，13 周，92 天，要在这么短的时间里打造一款产品出来，并获取到一定用户虽非“不是不可能”，但也很不容易。3 个月孵化期结束后，会有一整天的 Demo Day，创新工场会邀请感兴趣的天使投资人和做早期投资的 VC 参加。被看上的项目，将会得到进一步的接洽，甚至获得投资。为此，大白要求我们每周五把项目目前的状况做个 Demo，就像 3 个月后的 Demo Day 那样。但大白的苦心并非每个团队都理解，有些团队并未好好准备，但我们总是准备最充足的那个。

途我睿在诸多团队里还是有先发优势的，其他团队还在进行 UI 设计、技术选型的时候，我们已经有可以运行的每日构建。那时还没有 Gitlab 这样好用的 Git 衍生产品，所以我用 gitosis，在一台最小 EC2 计算单元上搭建了 Git 服务，保存代码。没用 GitHub 是因为我觉得要使用 private repo，每月至少花 7 美元有些不值。不过Nanfang 入职后，强烈建议使用 GitHub 托管，认为这 7 美元不值得省，GitHub 还有很多其他好处。所以我们就把代码库迁移到了 GitHub 上。现在，我已经成为 GitHub 的坚定的个人付费用户。

那时的途我睿是个很洋气的团队。我们使用着硅谷创业者常用的开发产品。我注册了 4 个 Amazon 账号，这样我就可以使用四台一年免费的最小计算单元。除去前文提到的一台用作 gitosis 外，一台跑 toureet.com，一台跑给编辑们用的翻译系统 toureet.me，一台跑 Wordpress Blog。之所以弄得这么麻烦，是因为最小计算单元实在太小，怕万一哪个服务流量上来，把其他服务搞挂了。我们使用一家创业公司——CloudFlare（一个提供云安全与云加速解决方案的网站）的安全和加速服务。在 Alex 的建议下，我们都写官方博客——关于途我睿、创业和技术。写博客有写博客的妙处，在产品还没上线前，你的理念、你对事物的理解，都能为你招揽到不错的种子用户，甚至员工。Alex 的这步棋走得很妙。

洋气的下场是不接地气。很长一段时间里我们的服务都在Amazon上，从最小计算单元到超大计算单元（xlarge instance）我们都用过。我知道备案这件事，但我实在不想在开发人手很有限的情况下要匀一部分精力到服务器运维上。备案意味着要脱离AWS，使用本土的IDC。数据在AWS上很安全，我用脚本控制着快照（snapshot）的节奏。快照保存在s3（s3自带备份）上，意味着基本不会丢失。但是如果自己搞个服务器放在机房，就算你是个守法的公民，排除因用户“言行失当”的原因被拔线、断电、拔硬盘的风险，服务器的工作环境、网络环境、硬盘物理损坏、机房工作人员无心之失等事情也要让你头疼（我们后来就遇见过因为机房人员维护其他人的服务器不小心碰掉了我们的网线导致几个小时的网络故障的突发事故）。所以，途我睿正式上线后还在Amazon上裸奔了近3个月，这是后话。和2011年的环境不同，现在的创业者有很多成熟的本土云平台可以选择，如阿里云。

Nanfang加入后，开发的战斗力一下子上了一个台阶。他自告奋勇地建立了基本上线保持同步的本地QA环境，还搭建了Jenkins（一款持续集成的工具）做持续集成。这些用于提升团队效率，增强产品质量的事情他一直在做。我给他稍稍培训了途我睿的系统架构，代码基本上不用给他详细解释，他自己就开始上手了。我记得那时排上日程的通知（notification）、活动流（activity stream）等几个功能都是他添加的。他给我补了Redis（效率很高的一套基于内存的键值数据库，常被用作缓存），Celery（Python的一个任务队列库，常和AMPQ一起使用）在Django下的用法等知识，并且提出了一套利用Redis来缓存途我睿关键数据结构的架构。当时我过于大胆和冒进地使用了尚不成熟的MongoEngine作为MongoDB的驱动，结果MongoEngine序列化和反序列化的低效大大拉低了MongoDB引以为傲的速度，加之旅行计划页面的生成包含不少运算和数据读取，所以网站的性能不够好，于是Nanfang做了一套高速缓存（cache）作为中间层来提高访问速度。这些都是我当时的技术储备无法涵盖的，Nanfang凭借一己之力把途我睿网站的各项技术指标提上了一个台阶。更难能可贵的是，这些功能大部分的JavaScript也是他独自操刀完成，如通知的更新。我更多的时间在给他打下手，充当学徒的角色。

那时iduu还没来，Leanne主做UI。但Leanne缺乏互联网经验，设计的页面感觉一般，所以我更多地是让她做视觉设计相关的工作。

编辑们在菲姐的带领下热火朝天地工作，欧洲的主要城市的数据已经完备。

6月底，一个功能完整的版本已经完工，也许是时候拿到市场上检验一下了。我们选择在7月3日晚23:59上线封测。

这幅图的底稿是用线条勾勒出来的，像心电图一样跳动的景点的创意来源于我哥哥的同事为多哈亚运会创作的一份失败的投标，经他同意后我们将其用做途我睿的首页和宣传海报。我们都非常喜欢这个感觉。伴随着鼠标欢快的点击，随之触动的电流汇聚成一个个欢快的景点，它们构成了一份形象的旅行计划，连接着世界的那一端。没有什么比这幅图更能表达我对途我睿的寄望，可惜，在随后的数次改版中，这幅图，以及其背后的寄托，都被尘封起来，再也没被发现。感谢那位素昧平生的设计师，你给了途我睿一个美妙的、回味无穷的起点。

身未行，心已动。

很有意思的是，伴随着途我睿的封测上线，市面上一下子涌现出来一大堆“我”字辈的专注于制订旅行计划的旅游网站。有些，几乎就是途我睿功能的翻版。

正式上线

Alpha 顺利上线，我总算有些许空闲，找我的顾问 Frank 汇报了当前的进程，并就我遇到的一些问题咨询他的看法。Frank 提了几点建议，其中一个是关于名字，他觉得途我睿太拗口，不符合现代汉语的结构，也不够朗朗上口。这个建议其实 Xuwei 在我们进入创新工场的第一天就在提，提得我的耳朵都起茧子了。那几天，李开复在一次给助跑团队送他从台湾带来的凤梨酥并给大家打气时，也提到了途我睿的名字不好——域名难记，中文也不好。李开复承诺如果我们改一个更响亮的名字，他会帮我们在微博上宣传。这些意见，其实团队成员一直都有，只是被我压着。此时，我个人的情感和立场最终屈服于大家的意志，改名已经板上钉钉。为了接地气，我们的域名转向拼音，这意味着途我睿彻彻底底地跟憧憬着的 inbound travel market 说再见了。

承蒙百度的恩泽，到了2011年，双拼域名已经所剩无几。但凡我们想到的好域名，如“旅伴”“行者”“无疆”等都早已被人注册。Alex甚至开始剑走偏锋，建议我们使用“.co”，如lvban.co，我坚决反对。为了加快进程，我写了个Python脚本，将常用汉字两两组合，转成拼音，然后去whois（域名注册信息及状态查询服务，互联网的基石之一）询问，找到的就放在MySQL里供我们内部查询。脚本跑了一天多，最后找到了几千个可用的域名。我翻阅了一下，基本都词不达意。很多都是跟jiong、rang这些无法成词的字搭配。唯一靠谱的一个——“桥旁”，有那么些许诗意，貌似做个婚恋交友的LBS不错，我就把它据为己有了。

两字域名没戏，我们转向8个字符内的3字全拼。我们吃饭的时候讨论，休息的时候讨论，一度出现了很多诸如“懒脚丫”这样搞怪的名字。

有一个周六的下午，我们全体成员在第三极楼下的Beta咖啡厅开会，我突然想到了“途客”这个词（其实Tuotuo在她的个人介绍中已经用了途客），拼音很短，四个字母——tuke，中文也很有意义，大家对此很满意。tuke.com当时被国内一个图片分享网站“图客”[①]占据，所以我们只能围绕它做些文章。“爱途客”“忆途客”这些“忆唐”年代的域名法则被搬出，随即被whois否定。突然不知是谁借鉴了“创业邦”，想出了“途客邦”，字面上很有社交的意味，大家纷纷叫好，去godaddy上一查，可以使用！于是我就一口气把它的周边域名基本全部注册了。

围绕着“途客邦”，Leanne开始设计全新的LOGO。我记得初稿很像动画片《忍者神龟》中那个憨憨的米开朗基罗的造型。大家戏谑“途客邦”有黑帮做派，干脆改名“屠客帮”吧。李开复闻听我们的新名字也觉得这像是帮派团伙的名字，会给用户留下不好的印象。所以我们又开始重新想名字。

经历了取名字的种种曲折，我渐渐心如止水。一方面是好名字靠的是刹那间从潜意识里蹦出的灵感，而不是在平日里花时间苦思冥想可以得到的；另一方面，内心深处还是有个坏坏的声音呼唤着“途我睿”。

有一天，事情有了转机，Alex兴冲冲地提议叫“途客圈”。2011年正是Google在Facebook强大的攻势下组织精锐发布Google plus反扑Facebook的时候，Google圈子开始成为互联网圈的热点话题。所以“途客圈”这个有很强的社交概念的名字一下子就得到了团队几乎每一个人的认可。

后来我们正式上线的时候就以“途客圈”的名称示人。这等于扇了抢注

① 睹物思情，忍不住上了下tuke.com发现图客已经打不开了。

toureet.cn，妄想发笔小财的某公司一个大大的耳光，同时也把“途我睿”上线后涌出的那批“x 我 x”的网站推到一个迷茫的境地。做 copycat 真心要找对对象，像“途我睿”这样还未成功、生死两茫茫的网站就不要随便复制了。

UX 再造

Alpha 上线后，我们很快收到了不少用户的反馈，尤其是一些我们邀请到创新工场来的用户。大家反映问题比较多的地方是交互。“旅行车”这个词让人摸不着头脑，添加完景点制作旅行计划之后的交互让没经过学习的用户几乎做不下去。我们研究了一下，决定对 UX 进行修改。这时，我们犯了一个严重的错误——没有把主要精力放在旅行计划的 UX 提升上。

原因是汪华在一次跟我们的评审会上指出我们的产品很不 Web 2.0，即我们的网站在景点 POI 这一层，以信息呈现为主，无法调动用户的参与，用户产生内容的感觉很弱。汪华后来补了很重要的一句：“但你们要想清楚，你们的网站究竟要做成 Web 1.0 还是 Web 2.0，也许 Web 1.0 的方式更适合你们的信息的呈现。”汪华的点评给我们当头一闷棍，我们几乎没有琢磨后一句话就急不可耐地为网站注入更多“2.0”的元素。似乎当时在我们潜意识里，做 Web 1.0 是可耻的，没有活路的。所以当 iduu 将他偶然发现的 tripl.com[①] 展现给我们时，我们立刻被它活泼的设计风格，以用户产生内容为中心的信息架构吸引了。于是我指示 iduu 借鉴 tripl，设计一套新的交互和 UI 方案出来。而作为核心功能的旅行计划的 UX 改进，很可悲的，仅仅作为这次 UX 再造的一个部分。

当你犯错时，不知道问题的根源是很可悲的，因为你无从改进；更可悲的是，知道了问题的根源，却刻舟求剑，南辕北辙，力气花了更多，得到了一个更坏的结果。Xuwei 常称赞途客圈团队的一大优势是团队执行力很强，但是方向上的错误意味着行动越快，错误越大。

很快 iduu 就做了一稿交互方案出来，内部讨论觉得问题不大，在创新工场每周的“UI 评审”（UI review）会议上，大家也认为这个很好。我们吃了定心丸，决定开始这么做。我在主干代码上开启了一个新的分支“viking”，开始了 UX 的再造。一两周后，iduu 和 Leanne 的设计稿也通过了 UI 评审。

① 一家社交旅游网站。那段时间，社交旅游类的应用很火，每天都有新的网站冒出。tripl 后来发展不是太好，几经波折后改头换面重出江湖，却又很快被人们遗忘。现在 tripl.com 已经无法访问，让人唏嘘。

iduu 的到来让我们 UI 的战斗力上了一个大大的台阶。与之不匹配的是，我们严重缺乏一个称职的前端工程师。Nanfang 显然不适合拿来做前端，而我虽然能写，但毕竟经验有限资历尚浅。可是箭在弦上不得不发，我只能尽最大努力一个页面一个页面地改写，iduu 从旁协助 CSS 的改进。

缺乏前端的致命伤让 75 分的设计稿只做到了 50 分。如果考虑 IE6/7 及其衍生的浏览器上的表现，这一次改版只得 0 分，画虎不成反类狗。如果你不真正做一款互联网产品，你很难想象，这个世界有种浏览器一直与世界为敌，藐视 W3C，经营自己的小王国，把全世界无数的设计师和前端工程师折磨到精神失常，它的名字叫 IE。

对兼容性考虑上的欠缺导致新版的网站在 IE7 上显示完全错位，就像一个人的双手长到了耳朵上，而鼻子被塞到了肚脐里。我不记得我们何时将 IE7 的大的兼容问题解决，好像是正式上线前后；但 IE6 我们最终没有去解决。那段艰苦的伪前端日子里，每每有过不去的坎，我都会找台 Windows，打开 IE6，看着途客圈的页面，然后安慰自己到：你是想戳瞎自己的双眼，一头撞碎屏幕，还是继续前进?

时间一天天过去，途客圈的新版 UI 也渐渐揭开了面纱，团队也开始有一些小的摩擦。Leanne 在 iduu 加盟后就沦为一个边缘角色，辛辛苦苦做的设计经常被看了一眼后就扔回重做；iduu 在设计上的强势和对她的劳动的不够尊重让乐观豁达的她脸上总挂着愁容，我能想象出她的心在滴泪。那段时间我也很神经质，经常跟 Alex 拌嘴，关于产品上的争执不少。终于 Kent 的女儿顺利出生，他也得以回归团队。拿 Hanhan 的话来说："Kent 回归前的途客圈好像三角形少了一个支点，怎么都不稳；Kent 回来后，三角形终于变得稳定。"

"viking" 似乎完成得不错，我把它合并回 "master"，等待时机上线。线上封测的 Alpha 版本已经有一群用户在尝鲜，Alex 和 Kent 也制订好了雄心勃勃的用户发展计划，编辑们开始逐渐减少手中的编辑任务，寻找用户。

终于，在 Alpha 版本上线后的不到两个月时间，我们的 Beta 版本便发布了。新版本以途客圈示人，全新的 UI，全新的域名，全新的文案。

说说文案。这一版的文案开始从冷冰冰的中性词换成了很多有爱的词语。如他 / 她统一被改成 TA，去过某地写的旅行感受或评论被称作"回忆"（这是我最喜欢的一处修改），而某个地点、某个人名下最新写的回忆、做的旅行计划等被统称为新鲜事。

新版本还引入了一个对社交网络的“革新”——以前，“新鲜事”只发生在用户身上，比如 xxx 喜欢了 yyy，xxx 上传了新的照片。我们把这个概念移到了地点上，从此，地点有了“新鲜事”，凡是和这个地点相关的活动都被以“新鲜事”的方式聚合在这个地点之下。尽管这一“发明”贬大于褒，但它提供了一个全新的视角让我们审视拟人化的信息组织。

李开复如约在微博上为我们摇旗呐喊。我把线上的服务器升级为 xLarge instance，期望它能扛过正式上线时用户的第一波地毯式轰炸。那天就像一场盛宴，按照 CloudFlare 的实时统计，24 小时内我们的 PV 接近 50 万，和此前封测两个月的数据几乎相同。对于见惯风浪的互联网老兵来说，日 50 万的 PV 算不得什么，但对我而言，这一数字是一个里程碑，其重要性不亚于汉尼拔率部翻越庇里牛斯山。

至此，在 2011 年 8 月 27 日，途我睿步入途客圈时代。

单纯从数字的角度来看，这次发布算得上是成功的。但是，如果没有李开复的微博，起码会减少 80% 的流量，所以这个数字没有任何说服力。站在软件发布的角度，这是一次风险极大的发布——Alpha 到 Beta 的进化应该是渐进的，以局部优化和处理 bug 为主，而我作为公司的技术负责人，却拍板了这样一次 UX 上的全盘改变，失察且失职；站在产品迭代的角度（构建—测量—学习），我们在构建（build）之后，尚在测量（measure）的阶段就忽视了市场上真正的声音，仅凭我们自己的喜好，就开始了新一轮全新的构建，尽管 Beta 版本在交互上和视觉上有很大的改变，我们对用户的理解和两个月前没有任何显著的区别，依旧在重重迷雾中像没头苍蝇一样乱撞，每一次尝试，都是一次看不见未来的赌博；站在产品功能的角度，我们陷入了一个大大的泥潭，一直到次年 7 月前，不论公司的走势如何，不论我们如何挣扎，就像孙猴子无法跳出如来的掌心，我们也一直在纠结一个问题，那就是：“工具与社交，我们到底要做什么？”

天使投资

工具和社交之争

“工具和社交，你们到底想做什么？两个都想做，两个都做不好。”这是汪华在一次看了我们改版后的产品后摇了摇头，问的第一个问题。

其实我们也很纠结。我是典型的那种相信技术改变世界的人，对于提升效率的工具从来都是青睐有加；Alex 是社交网络的坚定拥趸，追逐时下热门的社交，LBS 等概念。进入助跑后，途客圈开始变得不再那么纯粹，Alex 开始在这个产品中加入了越来越多他自己的想法，于是旅行计划工具变成了社交旅行工具。汪华善意的提醒并未让我们觉醒，我们都固执地坚持自己的想法，于是途客圈变成了一个妥协的产物。纵观途我睿 / 途客圈的发展史，有时候社交占了上风，有时候工具占了上风，就像美国共和党和民主党的“驴象之争”一样。

如果当时我们坚持在工具上深耕，后来在这个领域出现的一大票模仿者也许轻易地占领我们开创的领地；如果我们当时弃工具而攻社交（进而沉淀形成社区），也许也能开辟一片天地。

也许我自己不是一个重度社交的人，至今我还固执地认为，对于像途客圈这样的产品，社交应该是产品的一个附属品，是产品巧妙地实现大规模增长的一个可利用的手段而已。产品本身并不一定要呈现出社交的形态。Dropbox、Evernote 和社交完全无关，但是它们巧妙地利用朋友间的推广来扩张自己的领地。我们需要解决的，或者说想解决的问题是如何让用户高效且有效地制作自己的旅行计划——对于这个产品目标而言，社交显然不是一个需要首先考虑的问题。

然而，社交也许是当时风投圈里最好的噱头。作为当时以融资为第一要务的 CEO 来说，Alex 如此看重社交有着极其现实的道理。这我也很理解，所以在产品上也相应做了很多处理。一开始，途客圈在社交上尽量做得很轻，关系从新浪微博上自动带过来，在个人的动态首页上，可以看到朋友的和旅行相关的信息，如做的旅行计划，去过 / 想去的地点。此外，每个景点下面可以看到哪些用户“去过”或“想去”。

到了 UX 再造完毕，途客圈上线的时候，每个景点的首页也完全成为社交的场所，用户在这个景点下的行为以新鲜事的形式一字排开。去过 / 想去 / 喜欢在视觉上被突出，原有的景点的描述，照片被放在比较次要的位置。每个城市下增加了达人榜，以此来激励用户的贡献，提高用户与用户间的互动。所有这些功能都是“有意义”的，它们提高了用户黏性、活跃度，营造了一种看似热闹的社区氛围。但是，这也很大程度上造就了一种虚假繁荣，最直接的结果是：途客圈赖以生存的旅行计划，完全迷失在由众多社交功能组成的霓虹灯下。

有个用户的留言说明了问题：“我想做旅行计划，怎么做？”

是啊，怎么做？产品的核心功能要让用户能轻松使用。可正式上线后的途客圈已经变得嘈杂，用户登录进来后，被个人首页里的各种新鲜事所淹没，已经“看不到”那个在侧栏静静地躺着的“创建旅行计划”的按钮了。这就好比微信某天“改版”后，朋友圈被放在首屏，而原本的交流功能塞到了“发现”下面的二级菜单里。

当然，当一个人回过头来看一件事，视角是不一样的。就跟复盘一局围棋时，我会拍着大腿，懊恼地说，我这步棋怎么下得这么蠢，没看到其中的危险。可在当时的环境下，当时的心态下，以及当时的心智下，我不可能能更深刻地看待这个问题。虽有纠结，但我们还是继续往前推进着。

Demo Day

8 月底，3 个月之期已满，7 支团队迎来其公司建制以来的第一次大考——Demo Day。每个团队都信心满满，或者说至少表面上信心满满，期待通过自己的优异表现让潜在的投资人心甘情愿掏出自己口袋里的钱。创新工场的江湖地位很不错，这一次，天使由徐小平、雷军、薛蛮子等著名天使投资人担纲，VC 则有金沙江、贝塔斯曼、经纬、联想创投、DCM、清科等坐镇。在这些资深创业者或投资人面前，我们和我们的项目就像小虾米一样微不足道，但我们这群人不该被忽视，因为——小虾米也有成为大鲸鱼的梦想和勇气。

这个名单中，由于参加 iWeekend 的缘故，金沙江、经纬、DCM 我们之前都打过交道。所以，有“故交”撑场，我们并未太紧张。

由于投资人太多，每个团队的 Demo 要做两场。

我们第一场在上午进行，在座的有薛蛮子、雷军、我们打过一次交道的 DCM 的胡博予，以及当时还未谋面的金沙江的杨志伟等投资人。Alex 的表现相当不错，我演示的 Demo 也还算成功，没出乱子，一切都井然有序。雷军和传闻中一样[①]，一言不发，仿佛我们是空气，自顾自地玩着自己的手机。听完我们的介绍，薛蛮子爽朗地笑着，说你们应该做高端定制，那都是每单超过几万美元的生意，做高端定制我就投你们。其他人也就自己感兴趣的问题一一发问。至此，我们舒了一口气，首秀起码顺利完成了。

① 坊间传闻雷军只投自己认识的人，对其他创业者一概拒之门外。我觉得这是他天使投资成功率高的一大法宝。

第二场在下午一开始进行。可能经历了一上午各种项目的狂轰滥炸，投资人们显得有些疲惫。这时，Xuwei 带给我们一个坏消息，小平老师临时有事，要先行离开。于是我们趁着午餐的机会向小平老师推销我们的项目，Xuwei 也在一旁敲边鼓助阵。不知道是我们的项目引起了他的兴趣，还是我们的努力让他欣赏，小平老师决定多留 10 分钟听一下我们的宣讲。我们开心极了，却没料到 10 分钟的限制严重打乱了 Alex 的部署。整个讲解过程中 Alex 都几乎面对着坐在门口角落里的小平老师在讲，仿佛是给他的专场；他的语速就像被锡克武士在后面拿着大砍刀追着跑，越来越快，越来越急。其他投资人似乎感觉到自己被漠视，于是一个个铁青着脸，或者打着哈欠，或者玩着手机，无声地抗议着，空气中弥漫着一种诡异的味道。我和 Kent 焦急地坐在一旁心里替 Alex 捏着汗，Xuwei 则焦虑地寻找机会插话，以此来缓解气氛，并帮助 Alex 降低语速。小平几乎是被强迫听完了演讲，我们的急切并没有给他留下好印象。第二场 Demo 我们自己搞砸了。草草讲完后，投资人们连发问的兴趣都大减，寥寥几个问题撑了下场面，我们就灰头土脸地离开了异次元一会议室。Xuwei 看得出我们的沮丧，安慰我们说之后还有和投资人单独见面的机会。Alex 很郁闷，在天使投资人里，我们最想得到小平老师的投资，结果却搞砸了。

好在当时途客圈的在线旅游的概念很好，那年无论国内外的投资人，都开始重视并抢占这块有待发掘的金矿。途客圈的产品已经上线，得益于李开复微博和 36kr 报道的红利，数字层面的表现相当不错；此外，Alex 的关于旅行前中后通吃形成闭环的宏大蓝图，更是营造了一个美好的，可期待的故事。所以我们得到了很多的机会。

先是金沙江联系了我们。在东三环的威斯汀酒店，我们再次见到了志伟，和他一起的竟然是丁健！

金沙江成功投资了“去哪儿”，所以他们在寻找下一个“去哪儿”。

我们和丁健、志伟聊得最多的是途客圈的“护城河”。像途客圈这样的产品，单单依托产品功能为“护城河”是危险的，因为我们没有任何技术壁垒。所以我们早早地就考虑一个完整的数据网络作为我们的“护城河”。通过旅行前的计划，我们可以知晓用户的旅行安排，推荐住宿和大交通；通过旅行途中的“途客圈旅行助手”App，我们可以为用户提供目的地周边的信息，进行数据推送，用户可以通过 App 记录旅行中的点点滴滴，并在有 Wi-Fi 的情况下被自动传送到途客圈的服务器上，形成和旅行计划对应的“回忆”；最后，当用户结束旅行回国后，可以将为“回忆”添加更多文字进行润色，进而形成游记。而用户在各个地点 / 城市下的回忆，反过来又为旅行计划提供了丰富的素材。这就是我们希望达到的数据闭环。

如果这个闭环运作良好，那么途客圈已有的离散的 POI 数据将会通过旅行计划被组织成一张网，在这张网上，地点和地点之间，计划和计划之间，人与人之间都可以通过内在的关系被连接在一起。

有了 Peng（金沙江合伙人，在第二次 iWeekend 后我们见过面）的铺垫，这次的会面很成功。金沙江有投资我们的意向。

外部投资者只能看到我们光鲜的一面——我们刻意打扮出来的“艺术照”；创新工场和我们每周都有大白和 Xiaoqi 组织的内部评审，每月都有投资部的评审，所以他们相当于拿着我们的“素颜照”，对我们知根知底。在所有 7 个项目中，创新工场也愿意继续投资我们——这和 Xuwei 的努力分不开的。有天我们一起吃饭的时候，她很凝重地说她顶住了反对的压力，几乎把自己的前程都压在了途客圈身上。我们一时语噎，只有默默的感激。在整个助跑过程中，她对我们一直尽心尽力，遇到问题的着急劲不亚于我们自己。

我们还先后跟盛大投资的杨巍、贝塔斯曼的 Wayne 见过面，谈过投资意向。

联想创投很快也找到了我们，有了创新工场的背书后，他们很快提供了一份投资协议书。这是我们拿到的第一份投资协议书。

紧接着创新工场和金沙江的投资协议书也准备好了。我们最终选择了创新工场和金沙江作为这一轮的投资人。就在我们准备签投资协议书的时候，光速创投的负责人打来了电话，希望我们再稍微等等，他们对途客圈也很感兴趣，希望能够再深入谈谈。

我们商量了一下，还是把创新工场和金沙江的投资协议书签了，现在的结果已经大大出乎我们的意料了，我们不想在细节上抠太多。因为 Demo Day 和后续的融资，团队的精力被牵扯了很多，产品开发已经有些停滞了。

那段时间是我们自我感觉最良好的时光，走在路上都是飘着的感觉。

途客圈旅行助手

如今回过头来看，途客圈旅行助手也许是在错误的时间由错误的人员开发出的一款错误的产品。作为途客圈第一款移动端的产品，旅行助手起到了承上启下的作用，是途客圈整个宏伟蓝图中关键的一环。拿到投资让我们头脑发热，没有充分地考虑可行性，就开始着手展开这个项目。

那时viking还留下了很多尾巴。iduu和新加盟的tao在考虑景点POI的wiki化，还有一整套用户激励系统。旅行计划工具还在不断完善，我做了一套API可以处理地铁换乘的查询。这套API基本想法是将一个城市下的地铁站信息数字化成一个带权重的有向图，然后求图上两点的最短路径。这是一个对用户来说非常有价值的功能，可惜随着一次次改版，该功能被一点点湮没。菲姐领着编辑团队将途客圈在地球上的版图从欧洲扩张到亚洲。Kent和各个预订系统洽谈合作，以期能将我们的旅行计划工具接入到机票酒店等的查询与预定系统中，让旅行计划真正“影响用户的旅行消费决策”，为我们的“成为旅行预定入口”的商业目标打下基础。

我们已经在下一盘很大的棋，根本无力再往“旅行中记录与分享”和“旅行后游记与总结”上面发力。

我跟Alex表达了我们没有能力再同时做App的忧虑。Alex认为当前是移动互联网和LBS的一个引爆点，我们要抓住这个历史的时机，一旦错过，我们将追悔莫及。回过头来看，他的话很有道理，“面包旅行”，“在路上”等应用在随后的一年里分别发布，大放异彩。但是，没有人能在市场竞争中永远占据有利地位，所以我们需要搞明白的是，究竟什么是我们关切的核心。在这点上，我们俩的意见并不统一。

最终我们达成妥协，考虑使用外包。Alex、Kent、iduu加上我每天花大量的时间讨论App究竟做什么，偶尔会叫上Nanfang参与（也就在这时，他感觉自己并未被当成核心员工参与重要产品讨论和决策）。最终旅行助手包含了三大主要功能：浏览景点（附近景点），记录旅行中的回忆，查看用户自己在网站上做的旅行计划。Nanfang感觉这个App的功能设置主线不清晰，功能太多，太复杂。但是移除“查看旅行计划”的想法被我否定，而取消“记录旅行回忆”的建议同样也遭Alex拒绝，就这样，旅行助手在妥协中被交到了iduu的手上进行设计。

当时我们这个团队移动开发的能力很薄弱，近乎为零，移动设计的经验非常欠缺，三个创始人对移动项目评审的水平更是一塌糊涂。iduu的交互和设计稿出来我们连连叫好，但所有人压根没有考虑实现上的问题。移动端的设计是件考究的事，产品经理或者设计师需要充分了解开源市场上的UI组件的优劣，以及它们适合在什么样的项目下使用。如果没有这个能力，设计出来的东西再好，交互再完美，工程师也很难实现，或者花了本不该花的大力气去实现。

交互和 UI 稿出来后，我们联系了一些外包团队洽谈合作事宜，后来发现外包的团队要么感觉不太靠谱，要么要价太高。其实现在回想起来也许当时狠下心来就用有一个很贵但很靠谱的团队，开发人员依旧全力以赴将精力投入到网站产品上，途客圈或许将会是另一番光景。

外包告吹，当时的情形已经是箭在弦上，我们只得自己开发。我提出了两个方案。

（1）使用我们熟悉的 Web 技术开发，然后用 PhoneGap（现在已经成为一个开源项目，叫 Apache Cordova）一类的工具将页面打包成 App。PhoneGap 提供了对手机端 SDK 的 JavaScript 封装，让开发者只需撰写 HTML/CSS/JavaScript，然后经 PhoneGap 的编译，就可以生成一个构架在 iOS WebView 组件上的应用。其优点是可以使用现有技术快速开发，生成跨平台 App ；缺点是性能以及在复杂交互 / 用户行为下 UI 响应比较缓慢。PhoneGap 后来被 Adobe 收购，成为其战略的一个重要部分。

（2）尽快招到合适的 iOS 工程师，同时 Nanfang 和我一起学习 iOS 开发作为预备队。

两个方案并不冲突，于是并行前进。当时移动互联网已经蓬勃发展，大众点评媳妇熬成婆，在移动端大放异彩让几乎所有的互联网玩家都将移动端视为核心利益，所以本来就相对稀有的 iOS 工程师，变得更抢手。

Nanfang 毛遂自荐挖他在 ThoughtWorks 的好友，可惜那个朋友正处在养家糊口的关键期，对途客圈的前景不明状态感到担忧，所以婉拒了我们。好在人家愿意业余时间教我们 iOS 开发知识，并答应和我们一起开发这款应用。“十一”黄金周七天时间，Nanfang 在辛苦地学习 iOS 开发，而我在试验 PhoneGap 等工具的可行性。

也许是眼界的问题，我一直固执地认为移动互联网是一个伪命题。互联网不该和是否移动挂钩。移动设备，就算扯上由传感器构成的物联网，其背后的基础设施还是互联网，运行的还是 TCP/IP 协议栈，用的还是 Juniper 等厂商的设备。换句话说，这世上本就不存在游离于互联网之外的“移动互联网”。认知上的误区和模糊让很多人把网站等同于互联网，手机应用等同于移动互联网。如果要这么理解的话，那么移动互联网就是互联网在手持设备上的一个表现层而已。感谢苹果，打造出 iPhone，构建了一个由 App 组成的封闭的生态系统，让人惊呼我们步入了移动互联网时代。可是否有人想过，互联网的基石是什么？开放！那么让大家津津乐道的移动互联网呢？在我看来，“拥抱移动”是一个极其重要的策略，但是它要跟“拥抱 App”划清界线。

这种思维上的固执让我一直迟迟不情愿去学习移动端的开发知识。Nanfang 很快掌握了 iOS 开发的基本要素，而我还处在内心挣扎的阶段，厌恶地学着。终于有一天，我对写段文字调个间距还要抠像素这样极其毁灭生产力的开发方式感到愤怒，终止了这段没有结果的学习。我转向 PhoneGap，当时似乎还是 0.9.x 的版本，实测响应速度不太好，尤其是在用户有大量单击和滑动的操作时。我又尝试了 Appcelerator。Appcelerator 是一款同样让用户使用 HTMLl/CSS/JavaScript 产生应用的工具。和 PhoneGap 定位不同的是，它对 iOS SDK 做了大量几乎一对一的 JavaScript 封装，让你可以通过使用 JavaScript 来获得几乎等同于原生应用的速度。优点是速度快，缺点是需要花功夫学习，且容易被锁定在它的架构之上。而且用 Appcelerator 写代码有种使用使用 Ext（一套 JavaScript UI，提供一系列标准控件，可以在 Web 端做出类似 Windows 的界面）写 UI 的感觉。

接连否定了 PhoneGap 和 Appcelerator，我们只好决定“拥抱原生”。本来几乎谈定了一个来自易车网的靠谱 iOS 好青年，最终因为薪水的分歧而相忘于江湖。眼看日子一天天过去，招聘也不是一条靠谱的路子，于是我跟 Nanfang 商量，他和他朋友做 iOS 端开发，而我为他们提供 API。后来，Nanfang 觉得这样效率不高，于是他就接手 API，前后端兼顾。我不记得当时是否有 djangorestframework 或 django-tastypie 这样的 Rest API 框架，但我们没有使用任何现成的框架，完全靠自己写出的一套框架，最终却吃力不讨好。

在 App 开发艰难前进的时候，我们迎来了一位新员工 Hugh。Hugh 是“邻伴”的设计师。助跑结束后，融资无望的团队就此解散，让人扼腕。在 17 楼的日子里，“邻伴”和“茄子茄子”是最有拼劲的两支团队，他们伴着我跟 Nanfang（后来还有 iduu）一同度过了近 4 个月苦中求乐的生活。

说几句题外话。那段时间里一个某著名广告公司的年轻人连续一个月每天晚上加班到 11 点，身体最终不堪重负，不幸离世，让人慨叹。现在想想，真是有些后怕，我当时的工作强度远大于此。我当时每天不到 7 点就开始工作，一直到晚上九十点，工作强度估计要大很多。我们规定的工作时间是一周 6 天，我基本上干足 7 天，连“十一”都没有休息。这种强度维持了几乎 4 个月，而“邻伴”“茄子茄子”有些人的工作强度不在我之下。我们这群人之所以能一直坚持，是因为我们的工作是快乐而具有开创性（即便你会嗤之以鼻）的，他的工作是苦涩而压抑的；我们送走一个白天，迎来一个更敞亮的白天，他送走一个黑夜，又吞下另一个黑漆漆的夜晚。

Hugh 的设计表现力中规中矩，但是有潜力可挖。但是选择他则从另一个侧面反映了当时融资后的途客圈头脑发热到什么地步。那时我们已经正式签约了 Leanne（她次年春天就毕业了），肯定会留下 iduu，所以加上他途客圈就有了 3 个正式在编的设计师。两个后端工程师配备 3 个基本不写前端的设计师，这种配置搁哪都显得奢华无比。

招 Hugh 进来的主要原因是 App 的设计。我希望 iduu 能回过身来做 Web，Leanne 更多地参与用户反馈的收集整理以及访谈，然后 Hugh 来配合 Nanfang 他们继续在 App 上发力。

App 的进度之缓慢大大超出了我们的预期。我们很自然地错过了那年震撼国内互联网圈的 Techrunch Disrupt Beijing，那是 Techrunch 第一次也是到目前为止唯一一次在北京举行技术大会。接下来我们又错过了一两个发布时间点。App 就像一个无底洞，渐渐地将途客圈的家底掏空。

在这个时候，Nanfang，我当时最信赖的工作伙伴，提出了离职申请。这对于我来说无疑于晴天霹雳，我整个人都懵了。那感觉，就像玩《三国杀》，只剩三滴血的吕蒙正在苦心憋牌，结果悲哀地被闪电劈中，一大把手牌，偏偏就缺个“无懈可击”。

Nanfang 离职

我们这群人似乎一直在和时间赛跑，很快地，10 月就要结束了。一个月来连续工作的疲惫已经冲淡了我们拿到投资协议书的喜悦。iduu 提议找个时间出去散散心，好好放松一下。我们很快圈定了郊区的一个别墅度假村，一栋别墅一晚大概七八百元，挤挤正好装得下整个团队。租了辆车，加上 Kent 的小车，一行 13 人浩浩荡荡从公司出发。我偷偷订了个蛋糕，走的时候让菲姐去取来放车里。那段时间恰逢 Nanfang 和 iduu 的生日，我打算给他们个惊喜。

那天晚上大家玩得很尽兴。我们在一个小湖边享用了基本吃不饱的“自助”烧烤，然后回屋用 Wii 和 Xbox 轮番厮杀，我清楚地记得大家玩《Wii Sports

Resort》里那个击剑的小游戏时夸张的动作和表情，也同样无法忘却 iduu 和 Nanfang 在蜡烛前许愿的场景。不知道那时他们许了什么愿，现在是否达成了？

在一片欢乐的情景下，我觉察到 Nanfang 似乎有心事，这种感觉在第二天上午尤为明显，因为非集体活动的时候，他几乎都一个人默默地独处。我想起自己过生日时狂喜后的失落、惆怅，常有刘玄德“日月如驰，老将至矣，而功业不建”的失落，以为他也如此，也就没有追问。

这次团队活动回来后没两天，Nanfang 就找我谈话。在 17 楼（第三极大厦）唯一的一个如闷罐般的小会议室里，他提出了离职申请。我当时毫无思想准备地坐在桌子上，双手自在地按着桌面，听到这话，我震惊得几乎从桌子上跌下。我真不敢相信最得力的兄弟在仅仅 4 个月后，在我们前途看起来一片光明的时候，想要离开。我失魂落魄地问他，多久了？为什么想离开？去哪里？他说已经考虑了近一个月，感觉自己得不到应有的重视，自己像是一个执行者，一个雇来就是写代码的普通员工，而不是一个创业伙伴。他的下家是一家做 App 统计分析的公司，也是创业公司，一切已经谈妥。“可是我们真心把你当作伙伴的啊。”我无力地回应。

不得不说，虽然我非常倚重 Nanfang，但他在的那段日子里我们却缺乏真正的、伙伴级的沟通。我们在一起更多的是技术上的讨论，而鲜有关于途客圈如何发展，产品如何定位，公司目前的问题等深入的话题讨论。在途客圈的网站上，我们有很多讨论，他也被赋予了很大的产品话语权。但在过去的一个多月，关于 App 的讨论，我们都很少有把他拉进来一起讨论。一个一款产品的主力程序员，却没有得到应得的发言权，这确实是我的一个天大的失误。我天真地认为程序员的宝贵时间不该浪费在无谓的、常常没有结果的讨论会中，可是我错了。也许对不少人来说，创业的吸引力很大程度上在于其有机会影响甚至掌控产品的发展方向。

“有没有可以商量的余地？我们可以纠正我们的错误，如果你不愿意继续做 App，我们可以换人做；基于你过去的贡献，我们可以给你一份新的 offer，工资 x，股份 y。”我几乎绝望地胡言乱语。虽然理性告诉我这不是个好办法，但我也顾不得那么多了。我希望他留下，哪怕付出不菲的代价。但我知道，如果到了摊牌的地步，对方留下来的可能性已经很小了。

果然，他说一切都已经定好了，没有回旋的余地。他已经签了对方的 offer，两三周内就去报到。“况且裂缝一旦产生，已经很难弥补，我们彼此之间也不再相互信任。”他补充道。我的思维已经完全混乱，几乎无法思考，只好让他先回去再考虑考虑。

随后，我赶紧把这一消息告诉给 Alex 和 Kent。两人也很震惊。我们拟定了一份新的 offer，由他们再跟 Nanfang 聊聊，看看有没有转机。

Nanfang 礼貌地答应考虑一下。Alex 和 Kent 为此很兴奋，似乎看到一丝曙光。我有些疑惑，总觉得和他跟我聊时斩钉截铁的态度相差很大。果然，他找到我说考虑一下只是个托词，他去意已决，只是不知道该如何拒绝 Alex 和 Kent。我整个人这下真的像掉进冰窖一样。我问他，对途客圈，或者对我有什么建议？他提出以下几点。

（1）对后加入的合伙人 Kent 给予足够的重视。他指的是 Kent 的仅有 5% 的股份与他的合伙人身份及公司中的地位不符。我跟他澄清，我们口头上达成协议天使投资后将其股份增加到接近 10%。事后，我跟 Alex 立即正式开展股份转赠给 Kent 的事宜，并落实在了天使轮的投资协议中。

（2）在产品上，开发团队需要有更多的话语权。

（3）好好培养和重视 Tao，他是个可造之材。

Nanfang 最终还是离职了。考虑到 iOS 工程师不是一下子就能招到的，所以约定，即便离开之后，他还是会帮助我们负责招聘和工作交接的相关事宜。为了避免他离职并加入另一家创业公司的消息对大家震动太大，我们约定将其描绘成他加入朋友的创业公司一起创业。

然后，我感伤地写下了如下通告，告诉大家 Nanfang 离开的消息。

> 从途客圈成立以来，Nanfang 一直是整个产品线最值得依赖的伙伴，在过去的 4 个月里，他的巨大贡献包括（但不限于）：
>
> - ❑ 设计并实现新鲜事；
> - ❑ 设计并实现通知机制；
> - ❑ 设计并实现消息队列；
> - ❑ 设计并实现缓存系统；
> - ❑ 推出 App 第一版；
> - ❑ 为团队引入复盘（Retro）和 Scrum 实践；
> - ❑ 为团队带来很多欢声笑语。

创业之初，拔剑四顾两茫茫之际，能邀请到 Nanfang 一起共事，是我莫大的荣幸。他教会了我很多东西，也带领整个团队朝着驾驭自如团队的方向努力。

无论情愿与否，个人和团队总会走向一个交叉路口。就像天下没有不散的宴席一样，我们总归会遇到离别。我非常理解和支持他做出的选择，尽管今后不在一个战壕里打仗，但大家还是一起扛过枪，一起嚎过歌的好兄弟。

有些感伤，千头万绪不知如何说起，借用 Shakespeare 的一句话：

Parting is such sweet sorrow,
That I shall say good night till it be morrow.

正式创业半年多以来（从 2011 年 4 月到 2011 年 11 月），我们一直顺风顺水，从未经历过真正的挫折和磨难。Nanfang 的离职是我们遇到的第一个坎儿。但事情已成定局，再懊悔也无济于事。我们唯有向前看，将这件事作为一个教训，避免再犯。

加速计划

新一轮招聘

Nanfang 的离开，已成定局，我们无力改变。我们接下来要赶紧做的，是想办法弥补他离去留下的巨大空白。在他交接的日子里，我们又展开了新一轮疯狂的面试，目的只有一个——找至少一个 iOS 工程师和一个后端工程师。这时，一个武汉大学的大四学生的简历进入我的视线——他就是 Chiyuan。

作为在校学生而言，他的简历已算不错，有 Python+Django+MongoDB 的项目经验，在 iOS 上也做过实验性质的项目，算是 iOS 爱好者。因为他人在武汉，我就发邮件约定时间，想跟他电话里聊聊。很快，他就回邮件了，说“现在呗，复习后再面没意思”，言语中毫不掩饰他的自信、直率及些许年轻人特有的桀骜。我一下对这家伙产生了好感。电话面试的细节我已经记不清楚，但他答得很不错，看得出基础扎实，有做过项目的底气。

于是我直接越过笔试，让 HR 给他发 offer。

接下来是 Yonglin。当时他还在读研究生，保博已基本成定局，是南开大学数学系的才子。在电话面试中，得知他也是爱书之人，顿感亲切。他最让我青睐的是他的数学背景。我跟他描绘了途客圈的未来：一个包含了 3P（People，Place，Plan）的巨大网络。我希望能在这个网络中，在其他两个因素影响的情况下，我们能够描绘出人与人的关系、景点与景点的关系、旅行计划与旅行计划的关系。这样，当一个新用户加入并在网络中产生某种行为的时候，如去过某地，想去某地，我们可以给她推荐出她潜在的感兴趣的地方，可能会喜欢的旅行计划等。

我觉得 Yonglin 的数学底子适合干这件事。唯一让我举棋不定的是他的编程基础不牢靠，没有任何项目经验。我把途客圈标准的笔试题发给他做，做的结果一般，但他多多少少证明了自己的学习能力。考虑再三，我决定还是招 Yonglin 进来，通过项目调教，作为战略储备，假以时日，希望他对途客圈数据结构和整个系统熟悉后，可以开展推荐算法的研发。

这两个人的兴趣都在后端开发，所以 iOS 工程师的巨大漏洞尚无人来补。这个时候，正在参加移动互联网大会的 Alex 带来一个好消息：有个山东的做在线旅游的团队对我们感兴趣，可以一起谈谈。

那是个由 Brian 和 Jason 两人组成的小团队，他们一前一后，一内一外，十分互补。Brian 擅长运营和前端，而 Jason 是个全栈 iOS 开发者，前（iOS）后（服务器开发）端通吃。Alex 见到 Jason 的时候，他正在移动互联网大会上寻找机会，向 VC 推销他们刚刚完成、尚未上线的旅游项目。

Nanfang 即将离去，iOS 的交接和接下来的开发暂时由 Chiyuan 顶着，但这并非长久之计，此时遇见 Jason 真是“山穷水复疑无路，柳暗花明又一村”，而且，相对于 Nanfang 的半路出家，Jason 已经有相对深厚的 iOS 开发功底。Alex 展开了他强大的说服能力，让来京融资处处碰壁的 Jason 相信加入途客圈，一起完成大家共同的愿景，是他们的最佳选择。于是，大家约定一周之后，Jason 的共同创始人 Brian 赶到北京后一起谈谈，然后把这件事情敲定。

于是，在亚运村大屯附近的一个茶馆里，Xuwei、Alex、Kent 和我第一次见到了 Jason 和 Brian。

我们头脑中的疑问是：

（1）他们的气质是否和途客圈吻合？
（2）他们究竟愿意以一个什么样的代价（股份 + 薪水）加入途客圈？
（3）有没有机会只吸收 Jason，而不要 Brian？（我当时天真的认为，我们缺的是 iOS 开发人员，而非运营人员。）

我猜想，他们的疑问是：

（1）途客圈的创始人是否易于相处，值得相处？
（2）加入途客圈的机会成本有多大？
（3）我们以一个什么样的身份和地位加入途客圈？

那是我第一次见到 Jason 和 Brian。

Jason 外向一些，看上去易于相处。他在韩国读的本科，专业就是 iOS 开发，在一众 iOS 开发者中，属于少见的学院派出身。他同时也能够做网站的后端开发，喜欢使用 Python。多年的韩国学习和生活的经历让他显得干练、精明，打扮和外貌已经非常“韩国人”。在程序员中，不修边幅，邋邋遢遢似乎是大家公认的“好”形象，而这形象和“精致”“帅气”格格不入。所以见到他的第一眼，我就很好奇他是怎么做到的，是否在韩国，好的程序员也必须会打扮才能生存？我费了好大的劲才按捺住想问他这个问题的冲动。

Brian显得内敛，稍稍有些沉默寡言。和Jason相比，Brian更像是一个“真正”的程序员。如果他们自我介绍的时候对调过来，Brian说自己写得一手好iOS，Jason说自己擅长运营，我丝毫不会感到意外。Brian曾经把一个网游社区做得风生水起，有数十万用户，并且成功在这些用户中找到了变现的手段——靠向游戏玩家销售VPN产品赚了些钱（有不少游戏玩家直接玩韩版的网游，但国内访问速度慢，且容易掉线。于是他们就在韩国搭了个服务器为国内玩家提供收费的VPN服务，当然还有其他贴心的服务）。这是我后来才了解到的，在当时，Brian对他的创业历程介绍得干瘪、生硬、不施粉黛、就像迎面而来的路人甲，一转头，你就完全忘记他长什么模样。

他们两人是高中同学，学生时代就开始一起创业，做过好几个项目，是一对连续创业者。

我们向他们介绍了途客圈团队的团队构成、愿景及下一步要做的事情，他们则向我们介绍他们的经历、过去的项目及正在进行的项目。Xuwei则站在一个第三方的视角上，提供她对途客圈团队和想要做的事情上的看法（换句话说，替途客圈背书），同时，以创新工场投资经理的身份，表露创新工场希望促成这次整合的态度。

那次畅谈后，我们对Jason的感觉很不错，但由于我们有了先入为主的疑问，加上Brian的“面试”表现平平，我们并不看好他（Brian后来给我的深刻教训是，千万不要忽略那些无法出色表达自己的人，他们也许只是做得多说得少）。不过Xuwei觉得Brian是个能做事的人，加上Jason不太可能单独加盟，所以我们达成一致，以一定的股权比例作为底线，尽最大可能吸引他们加入途客圈。

接下来的谈判就在Alex和Jason间进行，一切都很顺利。我们以一个相对较低的代价（其实我们应该更大方些），吸引到他们的加盟。几乎和Chiyuan同一时刻，Brian和Jason也到途客圈报到了。

现在回想起来，我们对Brian的疑问可笑之极，这跟我们不了解他的能力有关。在当时，我们更多地将他看成一个不得不接受的“添头”，因为Jason明确表示他们两人要共同进退。感谢Jason的坚持，我们才接受了Brian，途客圈在运营和网站前端才得以上了一个巨大的台阶。

Chiyuan加盟途客圈之后的一两个月，他便向我们推荐了他的本科同学Wangxiao。Wangxiao和他在大学期间便一起做项目，只不过Wangxiao偏重前端。由于 Chiyuan 进入途客圈后便展示了他很强的开发能力，让我对他以及其母校武汉大学的学生刮目相看，所以我几乎没有花费太大的精力面试，就敲定了 Wangxiao。他们二人都以实习生的身份在途客圈干了大半年，然后转为正式员工。Wangxiao 初入途客圈时，表现中规中矩，但他的学习能力不错，渐渐地变成了前端开发，尤其是 JavaScript 开发的主力。

结束编外身份

Demo Day 结束后的几周，其他助跑团队开始陆续离开。有的就此散伙，有的在外面继续苦苦地熬着。当拥挤的空间突然变得空空荡荡，五个人挤四个工位的窘迫生活突然结束，我们感到了孤独苦闷和丝丝凉意。创业就是这样，你要么能赚到钱，要么能融到钱。甭管多么有前景的项目，现金流一断，什么都无法继续，只能等着清算时任人宰割。

眼下我们虽然可以随心所欲地发展地盘，但身边少了很多无形的支持与鼓励。尽管我们已经加入创新工场的加速计划，但似乎还是一个编外的角色——只有在吃免费午餐的时候，眼馋地看着 18 楼人来人往，一派欣欣向荣的景象。

也许是之前的拼搏耗尽了大家的力气，也许是 Nanfang 的离去让大家扼腕，也许是获得投资让大家大大松了口气，总之在 17 楼最后的日子里，产品的进展有些停滞。地铁换乘的代码已经完成，却迟迟未能合并到主线。我构思的一个实验性质的写作系统（用户可以用它来撰写旅行计划和游记）的一个想法——Atlas，在写了个雏形后，发现了当时不可能解决的一些问题后，草草结束了事。

稍稍多聊几句 Atlas。我的想法是用户可以用比较自然的方式来撰写计划，如：

@巴黎

7-11: 早上去 @巴黎圣母院 和 @圣礼拜堂，下午逛 @卢森堡公园。

7-12: 一大早去 @圣心大教堂，之后去 @老佛爷百货血拼，有空的话去 @蓬皮杜中心看看。

……

@普罗旺斯

7-16: 逛 @ 阿维尼翁老城。
7-17: 到附近的 # 薰衣草田 # 玩。

和 Twitter 或者微博一样，系统自动抓取出用户用 @ 标记的地点，在地点库中匹配，然后生成一个含有地点图片、描述、开放时间、价格、交通以及地图的富文本页面。这样做的好处是一切以自然的文本为基础，辅以用户已经习惯的 Twitter/weibo 符号，使用和表达起来没有太多障碍。而且，已有的论坛，如穷游，很多人就以类似的方式交流和讨论旅行计划。

另外，如果以这样的方式来撰写游记（该怎么写就怎么写，只不过日期用特定的格式，地点前用 @ 区分），系统可以反向地生成旅行线路。还有什么比从已有的、真实的游记中获取线路更能让旅行者感到兴奋的？

至少我对此很兴奋，茶饭不思，夜不能寐。

但是，尝试了几天后，我发现我掉进了一个无底洞，怎么也爬不出来。景点的别名是个痛苦的东西，一个地点可能有多种表述，同一个名字也可能是不同的地点。你需要很准确地理解上下文。而“理解上下文”，这个人类看来很简单的事情，恰恰是计算机最为欠缺的——绝非我这样动动笔杆子，写写文字这么简单，它需要强大的分析和理解能力。

这也许应该是另一个项目，而不是现有项目的一个小改动。

于是我果断放弃了 Atlas。很快地，我又有了另一个想法——那些年，和你擦肩而过的途客。

这是一个很简单却很有爱的小功能，通过分析回忆数据，将同一时间段去过同一地点的人找出来，再冠以“擦肩而过”这个充满想象的文案，也许能吸引不少眼球——谁不希望知道某年某月某日，当我在罗马的某个广场上漫步时，有人正巧也在此处坐在某个角落里静静地发呆？我把这一想法告诉了 iduu，他仅仅用了一天时间，就把这个想法 UI 化，然后我没费多大力气就把它实现了。由于我们的回忆数据还少得可怜，大概就上千条吧，所以我把邂逅的范围扩大到城市级别，时间范围扩大到年，才得到比较满意的结果。这个小功能上线后，经常写回忆的那些用户，又贡献了不少回忆。不少用户把自己陈年的回忆放在途客圈上，就是为了一睹和她擦肩而过的那个他。

这个小功能尽管吸引了不少眼球，但它在当时是无关大局的。为了用户的黏性而花费时间和精力在次要功能上，消耗的是机会成本。团队一天的时间就这么多，此消彼长，投入到旅行计划工具中的精力自然少了不少。

在 17 楼又停留了近一个月，我们才能够正式搬到 18 楼。

“知乎”和途客圈似乎有某种奇妙的联系。当我们第一天到 17 楼开始工作的时候，“知乎”正在往 18 楼搬，为助跑团队们腾出工位；而当我们助跑期结束后，翘首企盼能够结束编外身份，正式入驻 18 楼时，“知乎”和几个加速计划毕业的团队又着手从创新工场搬出去，给我们腾地方。我们整个团队搬到了紧挨着创新工场投资团队的一片空出来的工位，旁边就是李开复和汪华的办公室。由于汪华经常出差，很多时候，临时性的小会我们就在他的办公室里开。

和 17 楼助跑结束后的冷清相比，18 楼就是一个熙熙攘攘的大家庭。十多个团队在一个大开间里，你中有我，我中有你地工作着。吃午餐要排队，使用会议室要排队，就连上厕所经常都要排队。我们隔壁的团队是个做游戏的团队，每天我们的耳边都会飘来悠扬的麻将音乐，及“东风”“北风”这样喜庆的游戏配音。就像助跑阶段遇到的“邻伴”团队一样，这个团队也都是由一群乐观的工作狂们组成，每天天没亮我到公司时，他们已经有人甩着膀子在热火朝天地做开发。在 18 楼的第一个冬天，我就感受到了这种无与伦比的温暖——几乎不用取暖设施，人气就把这层楼捂得暖洋洋。

我们又找回了创业初期那种美妙的感觉。

搬上 18 楼意味着一个阶段的结束，从此我们开始收拾心情，从获得投资的激动、Nanfang 离开的痛苦、新人报到的喜悦等纷扰中走出来，重新专注于产品本身。我们决定对现有的产品“动个大手术”，重写计划编辑器。

重铸产品

在谈重铸产品这个话题之前，我先捋捋途客圈的人员构成以及在做的产品。

搬上 18 楼的时候，团队里不少编辑实习生已经结束实习，回到学校。所以我们的人员构成如下。

- 产品——Alex、iduu、Tao、Kent、我；
- BD——Ale、Kent；
- 编辑——菲姐、Hanhan、Tuotuo、Nannan、tun 哥；
- 开发——Tao、Chiyuan、Jason、Yongling、我；
- UX/ 用研——iduu、Hugh、Leanne；
- 运营——Brian；
- 运维——Tao、我；
- 产品助理——Zhuangyuan。

17 人的团队，2 条产品线（Web App 和 iOS App），3 大主要功能：

- 旅行前的计划工具；
- 旅行中的途客圈助手；
- 旅行后的回忆（和游记）。

之前已经提到，我们希望通过旅行计划切入市场，让用户的行前准备变得轻松愉快。当用户制作了一份旅行计划后，可以把它同步到手机客户端，在目的地让旅行计划带着你走，同时目的地的指南应有尽有，以备不时之需。用户可以用手机通过拍照的方式记录旅行的瞬间，在有 Wi-Fi 的情况下，记录下的旅行瞬间会被上传到服务器，作为一个个旅行“回忆”。由于途客圈提供新鲜事儿的功能，无论你关心这个旅行者，还是目的地，相关的“回忆”会在第一时间进入你个人的时间线里，就像旅途直播一样。同时，用户旅途中的“回忆”会按年（或者月）聚合成旅途回忆录，这就是游记的雏形。在这个回忆录中，你还可以看到谁跟你曾经擦肩而过。我们的计划是，以后进一步提供回忆录加工的工具，让想进一步丰满回忆录的用户可以把它做成精美的游记。最终，借助于用户在这整个闭环中的行为产生的各种数据，我们可以构建出一个庞杂的、精美的关系网络，其中包含了人与人、人与地点、人与计划、地点与地点、地点与计划、计划与计划的关系，而这个美妙的关系网络，将成为途客圈的坚实的护城河，甚至是万里长城，将竞争对手挡在我们的领地之外。

这就是途客圈完整的路线图。

这是个很有野心的路线图，如果实现得很好，我们将在在线旅行市场上构建出自己的王国。可惜，在执行层面，我们急于求成，忽视了团队所处的阶段，也忽视了团队当下的能力。就像我在前文提到的，途客圈旅行助手是在错误的时间被错误的人员开发的一款错误的产品。我并不是否定旅行助手的价值，只不过在当时我们根本没有能力和人力在 iOS 上开辟那样一个战场。这一决定导致的下场就是两线作战，腹背受敌。

既做之，则安之。况且 Jason 加盟后，给这款产品注入了一剂强心针。

让我们感到不安的是旅行计划工具。从用户反馈中我们看到，当时的产品有几个很大的问题。

（1）整个操作完全在客户端完成，一旦进入计划编辑器的界面，想要再增加景点就只有在编辑器内通过简单的 UI 完成，无法使用之前浏览景点再添加的流程，体验很差。

（2）用户如果在制作旅行计划的过程中，浏览器不小心被强行关闭（如停电，浏览器崩溃），辛辛苦苦制作的旅行计划就会丢失。

（3）编辑器的 UI 很丑，用起来很别扭。

第二个问题是一个 bug，解决起来并不困难；但第一个问题和第三个问题是产品设计上的缺陷（我要负全部责任），靠修修补补根本无法解决实质性的问题。所以，我们打算重新设计这个产品。

我们的目标是：

（1）像 Trello 那样，用户的每步操作都在服务器上留下足迹。这样，用户可以随时关闭和恢复旅行计划的编辑，间接解决问题 2，同时为未来的多人协同编辑同一个旅行计划留下了后路。

（2）提供一个全屏编辑界面，让用户可以方便地在“行囊”、“日程安排”和“地图”几个视图中切换。

（3）在编辑器里添加一个地点到“行囊”中的体验和在外面添加的体验几乎一致；在编辑器外添加的地点可以反映到编辑器中。

在今天看来，这样的目标实现起来并不困难。设计出来后，使用 Meteor（http://meteor.com）或者 Derby（http://derbyjs.com），一个工程师也许花不到一周的时间就能做个原型出来。但当时，这对于我们而言是个巨大的挑战，尤其是浏览器和服务器之间的远程过程调用（RPC）。

开发上的任务异常繁重，加上之前产品上的无序，使得 Xuwei 对两条并行的产品线的研发忧心忡忡。我们一起开了个会，达成一致：Alex 作为 iOS 产品线的产品经理，全权负责途客圈旅行助手；Kent 作为 Web 产品的产品经理，全权负责网站的改版；而我，则将精力完全投入到领导开发团队开发新产品，同时保证旅行助手后端的 API 的开发。

坦率地说，这样的安排存在很大的问题——Alex 和 Kent 都不是合格的产品经理（当然我也不合格）。

“谁该成为途客圈的产品经理”一直是困扰途客圈和我的一个问题：究竟什么人适合当产品经理？不同的产品形态对产品经理的要求是不一样的；不同背景的产品经理，做同一款产品的角度也必然不同。从大方向上讲，一个初创公司的产品经理需要很多能力——对用户内隐需求的把握能力，筛选过滤信息的能力，组织协调路线图的能力，选择技术方案的能力，推动组织执行产品方案的能力，获取用户的能力等。其中，推动组织执行产品方案的能力决定了初创公司的产品经理应该是 CEO 或者创始人担当，所以，上面所述我们的选择理论上是正确的。可惜，当时我们三人，没有一个人完整拥有以上的技能。

所以这样的安排只是一种最好的妥协。

就这样，我们开始了轰轰烈烈的网站改版工作。我们预估了 8 周的工作量，但实际花费的时间翻了一番，达到了 16 周。在这个过程中，网站的排期一改再改，功能列表也不断变更。最终，从 2011 年 11 月到 2012 年 3 月，我们算是勉强完成了新的改版。

全盘改版后的数据确确实实比改版前强了不少，用户的反馈也远好得多。看似形势一片大好的背后，其实暴露出我们的很多问题。

首先是项目的延期——产品的功能列表不断变化，从单纯的计划编辑器改变转变成整站的全方位改版。我们遭遇到了项目管理的大敌——范围蔓延（scope creeping）。

我来解释一下前因后果。在设计新版计划编辑器时，经过不断探索，iduu 给出了一个让我们眼前一亮的设计方案。但是这个设计无法融入已有的网站中；或者说，我们压根没尝试将这个设计融入已有的网站中。于是，拍拍脑门后，我们决定将改版逐渐扩大到整个网站。Kent 和我在这里都犯了很大的错误：作为产品经理，他应该聚焦于要整改的部分，然后看整改后的数据是否有所改观；作为研发的负责人，我应该反对这样大的改动，而非信心满满地拍胸膛接受。

范围蔓延是个慢性毒药，一点点把项目成功的可能性吞噬掉——这是PMBOK里特别强调的。但很多事情学和做是两码事。在我原来的公司里，一个确定的项目里如果要添新的功能，作为技术主管，我的第一反应是推回去，如果实在推不掉，那就必须权衡已有的哪个正在做的功能要被砍掉，才能匀出资源来做新添加的功能——这几乎成为大家的一种下意识的举动，可以让需求变更更加慎重。但在途客圈，创业的那种有点狂热的激情将这种慎重完全抛诸脑后。所以，尽管我学过PMBOK，又带团队做过好几个项目，正常来说下意识都会对范围蔓延有所防范，但还是在这种狂热的氛围下栽了跟头。可笑，可气，但这就是创业。

第二个问题是我们渐渐失去了"敏捷"的"神"。现在一个软件公司不提"敏捷"都不好意思说自己是搞软件的。但很多就是走走形式，搞搞诸如Scrum的站立会议、故事墙等。但这只是"敏捷"的"形"，而非"神"。借用精益创业的思想来看，"敏捷"的项目应该是由一个个构建-测量-学习（build-measure-learn）的小周期有机组织起来的，如果不测量和学习，只是一味采用某些"敏捷"的方法去构建，反而走向了错误的道路。

拿途客圈的改版来说——因为全站都改版了，所以你无法就改版前和改版后的计划编辑器进行对比，因为数据本身已经失真，里面还夹杂着用户对整体的新版网站的喜欢/厌恶程度。这样，测量就无法真正进行下去，我们也无法从中学到有用的经验，并将所学运用到下一次迭代。这时，项目的成功和失败一样可怕，因为"碰巧"获得的成功是个陷阱——它在你头脑里建立了错误的范式。

人人都是事后诸葛亮——别看我现在在一点点分析和反思，但在当时的环境下，用户在不断增长，产品一天天变得完善，我的开心远大于忧虑。更重要的是，我们不断构建，不断打磨自己的技术水平——这本身就足够令人快乐。开发人员是很好满足的，给他出个能解得出来的难题，剩下的就交给时间。

苦中求乐——飞盘

快乐和痛苦，就像一对孪生兄弟，交织在我们创业的整个过程。创业者必须勤奋，必须行动迅速，但这并不意味着一天十多个小时不间断地工作。我们也有途客圈式的独特乐趣，那就是——飞盘（frisbee）。当 iduu 拿着一个飞盘跟我们介绍他大学时玩的飞盘运动时，我脑海里浮现的却是小狗疯狂地追逐空中飞行的圆盘，一个漂亮的跃起，将圆盘叼住，然后兴高采烈地摇着尾巴跑向主人。

“Frisbee 的玩法不是你们想象的狗叼飞盘，而是类似于橄榄球的一种运动。”iduu 打断我的遐想。

于是，刚搬上 18 楼后不久，在 iduu 的带领下，我们就开展了飞盘运动。iduu 先带着大家在第三极楼下的大广场练习飞盘的基本动作：正反手传递、正反手接盘、拦截等。起先我是没什么兴趣的，自从初中有次踢球被砸中眼镜我就再也不敢玩任何高对抗的运动了。但随着团队成员逐渐开始迷上这项运动，我也就半推半就随了他们——从群众中来，到群众中去。

当我们逐渐熟悉了基本手法，对真正的飞盘的渴望让第三极楼下的场地再也无法满足我们的胃口。Tao 建议我们去北大玩，那里有一片很不错的草坪，够大，可以让大家施展开来，随意奔跑。于是某天中午午饭后，我们一群人浩浩荡荡开进了北大——第三极大厦和北大的距离，正是饭后散步的最佳距离，不长不短。

到达草坪之后，iduu 开始给我们讲解飞盘比赛的规则。

- ❑ 比赛分为两方对抗，有各自的底线。
- ❑ 拥有球权的是攻方，没有球权的是守方，一旦攻方传递失误（没接到飞盘），或者被守方成功拦截（守方接到飞盘或将其打落到地上），攻守双方角色互换。
- ❑ 攻方需要通过不断传递飞盘直至攻入对方底线。队员可以做无盘跑动，但一旦拿到飞盘，除跑动惯性外，就不能再做移动，只能将盘传出。一旦攻入守方底线，且攻方队员还能成功接到飞盘，就得一分，然后交换球权。
- ❑ 守方需要进行区域或者盯人防守破坏攻方的传递。

飞盘大体上和橄榄球类似，只是不能抱着盘跑。和橄榄球相比，飞盘要文明得多，任何多余的身体对抗都是不允许的。

了解游戏规则后，我们迅速分好人马，展开架势，开始比赛。那次我本不该参加比赛的，因为我不小心穿了皮鞋，但还没禁得住诱惑，跟大家一起去了北大。本来说好的我作壁上观，但三个女生不好分组，iduu 再次诱惑我，说可以把我算作女生，随便杵在门线前守株待兔，当个后卫。我想想皮鞋男客串下柔弱女也行，广告不是总说，做女人挺好吗？

作为一个属狗的水瓶男，尽管我一直对生肖星座这些八卦嗤之以鼻，可那天还是抵挡不住暗藏在我身体里的属相的小宇宙的骚动——当看到飞盘在空中划过，这股小宇宙就便哗啦啦爆发了，我无法再隐忍下去，就像脱缰的野马——不，是赛狗——甩开两条穿着笨重带根的皮鞋的双腿，眼睛紧盯着飞盘划过的轨迹，风一样地冲了过去。如果这是现场直播，观众的 LED 电视机如果没有个 200 Hz 的刷新率，一定会看到我拖尾的身影。

现场就差一个美丽而焦急的女声在喊："Run forrest, run!"

享受飞奔的感觉很好，但老人们总说看着脚下的路，否则你会吃亏的。我果然就吃亏了——正前方有一个为了种树而挖的大坑，于是毫无悬念地，在众人的惊呼中，我摔进了坑里。

大家都立刻从四面八方围了上来，连在一旁打酱油的妹纸们也不例外。他们当然是好意，但我此时此刻恨不得这群倒霉家伙全部消失，因为——我的鞋跟掉了！[①]

① 图片由读者 Xiaoying 提供。

好吧，其实 90% 的男士皮鞋都有鞋跟的，穿带点跟的皮鞋并不丢人。男人嘛，矮点，胖点，都不重要，重要的是有内涵。可是此景此景下，我的内涵讲给谁听？

果然，我听到了第一声忍得好辛苦的笑声。接下来，各种怪声就出来了，“鞋跟掉了”仿佛是一个图腾，一下子将他们紧密团结在一起，连笑声的猥琐程度都高度一致。

回去的路上，Chiyuan 掺着满脸黑线的我。两只脚差个一两厘米走路是件很可怕的事情，要不是当时我穿了个破了洞的袜子，我宁可脱了鞋走路。

路上遇到一个修鞋匠，如遇救星。他看了看我手中的鞋跟，脸上挂着令我绝望的笑，果断摇了摇头：“修不了。”我几近崩溃。从那里回到第三极仅仅需要再走两三百米路，但回家呢？一个半小时的地铁，我得忍受多少嘲笑？我真是“死的心都有了”呢。

若干月以后，再遇到类似的尴尬，我学会了村上春树说的这句话来自我安慰：

Pain is inevitable, suffering is optional.（痛是难免的，苦是甘愿的——身苦心不苦。）

在“鞋跟风波”后，穿着运动鞋比赛的我逐渐成长为一个不错的攻击者。尽管身材和现在的罗纳尔多一样臃肿，但我却自以为有着巴蒂一样的飘逸——我总能出现在合适的位置上让 iduu 这样的致命传球手传出手术刀般的盘，此外，我还练就了狮吼功，曾经成功通过几米开外的大吼，让对方接盘队员胆颤心惊手抖掉盘从而获得球权（此处请自行脑补长坂坡）。其他人成长得也很快，每个人渐渐都形成了自己的绝活和特色。风之子 Tao 既能像猎豹一样满场飞奔，又能从容进行中场组织调度，所以他和 iduu 两人必须分属不同队伍，否则这比赛没法打。Alex 有身高，Kent 有体重，Brian 有大脑，Chiyuan 有力量和准头，Jason 有鬼魅般让人无法琢磨的传盘落点，常常骗晕场上所有人，妹纸们的共同特点就是打起比赛来都成了女汉子。

后来飞盘渐渐成为途客圈的一项人见人爱的例行运动。几乎每天中午，我们都要去北大耍一耍。运动能产生使人快乐的酶，何况在这过程中还时不时能调侃一下鞋跟呢？真是乐上加乐，欢乐无限阿。创业的艰苦便被飞盘活动一点点冲淡，整个团队战斗力空前高涨。

这时候，我又发生了一次“撞树风波”，给团队添加了更多笑料。

事情的整个发展经历和“鞋跟风波”一模一样，为了救回一个飞向远方的盘，我依旧猎狗般狂奔着，鞋子上红色的对勾骄傲地宣示着“just do it”。就在我舒展到极限的右臂就要碰触到飞盘时，身子一下子撞到了什么，随后一阵火辣辣的感觉，然后有个东西轰然倒地，我也跟着倒了下去。我拍拍衣服，忍着疼痛，一骨碌爬起来。被我撞倒的是棵刚刚栽上没多久的小树，虽然已经比较粗壮，但毕竟初来乍到，根基不稳，狭路相逢勇者胜，动量惊人的我，用满是脂油的右腹往它的树杈上一撞，它便无法承受，被连根拔起。而我，用一场皮洛士式的惨胜赢得了对抗：肚子不但蹭破了皮，血染沙场，还乌青了一片（一个月都没消下去）。

见我没什么大事，这帮没心没肺的家伙就开始哈哈大笑和各种讥讽，嚷嚷着要把这事载入途客圈史册，还有人煞有介事在小树旁垒了个土包，插了个树枝，为其默哀和超度。为了进一步落实“宜将剩勇追穷寇”和“痛打落水狗”的革命精神，他们还给我起了个诨名：“战神”。以后再打比赛，我的名字便从大家口中消失了，取而代之的就是这个损到极致的“战神”。

后来我自己想想，这事还是挺危险的。如果当时那颗小树再强壮一些，下盘再牢固一些，可能我的肚子就会被戳个窟窿，想想都浑身冒冷汗。

还好事情没朝着这个版本发展，否则我可能真要提前退休，整天遛鸟逗狗调戏小区的花花草草，享受后程序人生了。

后来，随着途客圈好多新人的加入，我们的飞盘比赛也越来越具有观赏性，成为北大一道亮丽的风景线。后来在赛场上还发生了好多好多有趣的故事，我就不一一道来了。

这活动一直断断续续持续到创新工场搬离第三极，入驻鼎好电子楼之前。这是后话。

复盘

正当我们的产品开发在层层推进，飞盘也玩得如火如荼时，Nanfang 突然回来“探亲”。这次他给我们带来了一个有意思的流程：复盘（retrospection meeting，也称回顾会议，简称 Retro）。在途客圈使用过的所有的敏捷实践中，复盘是最有价值的一个实践。它借助团队的力量帮我们反省过去的一个时期内哪些地方我们做得很好，哪些地方做得不好，哪些地方让人感到困惑。在那之后的每个月我们都推动团队使用复盘，直至我离开公司。

简要介绍一下复盘。这个实践分两个阶段。

（1）匿名的安全检查（safety check）。就是开会前每个人写张小纸条匿名表达一下自己在这次会议上说真话的意愿（1 为最低，5 为最高）。因为复盘的目的是反省，如果大家不能说出心里话 / 真话，那么反省的价值就大打折扣。中国人毕竟学不来西方人的直来直去，掏心窝子的话很难当着老板的面说。安全检查给大家一个机会来测试是否值得做复盘——如果不少人的意愿都不强烈，那么下一阶段不做也罢。因为收集到不那么真心的意见，执行的价值并不大。按照承诺一致的原则，如果一个人打了 5 分，那么他不太可能在之后的环节里不吐真言。

（2）复盘。如果安全检查通过，会议继续，每人可以就过去一个时期内公司的人或事发表自己真实的感受：好的，坏的，感到迷惑的。每个人至多写 5 张纸条。这个过程是实名的，因为需要向大家解释为何会有这种感觉。写完之后大家把纸条贴在白板上，然后组织者领导大家进行聚类和讨论。最终选出十个意见比较集中的问题，拿出 SMART（具体的、可测量的、可实现的、相关的、有截止日期的）的改进计划，下次复盘时监控改进完成的状况。

在途客圈，安全检查阶段如果超过 75% 的人打分都在 4 分和 4 分以上，那么会议才会继续进行下去。我们曾经有一个月的复盘因为没有达到比例而取消，那次也给团队敲响了警钟。安全检查对于树立一种敢于说真话的文化很重要，它是正式复盘的前缓冲，给予大家匿名表达团队真实心理状态的机会。

在回顾中，我们收集了很多至关重要的反馈。团队做得比较好的地方在于有积极、友善的团队氛围；而做得不那么好的地方则集中在产品、运营、规划及执行力上。通过回顾，我们有效地收集了团队内部的反馈，制定了对应的解决措施。很多措施得到了有效的执行。但是回顾不能很好解决那些从团队创立之初就存在的一些问题，如创始人间的分工、投入程度及公司的组织结构。换句话说，回顾这种工具只能帮助解决执行层面暴露出来的一些问题，头痛医头，脚痛医脚；而对于公司内部深层次的问题，则需要创始人和管理团队的深刻自省。

敏捷实践

搬到 18 楼后，我们根据用户的反馈和我们自己的感觉，开始了重铸产品的过程。尽管这个过程我们在项目的范围上犯了很大的错误，把本是旅行计划工具的改进变成了整个网站的改版，但我们在敏捷上的探索和执行做得相当不错。

首先是 Scrum 实践的全面应用。在引入复盘后，我们有了一整套的 Scrum 工具：

- ❑ 周度 sprint 计划会议；
- ❑ 日度站立会议；
- ❑ 周度 sprint 成果展示会议；
- ❑ 月度回顾。

在途客圈，关于 sprint 的长度我们做过很多探索，从一周到两周到三周再回到两周。下面的两张图是我当时做的一个 TQMS（Tukeq quality management system）流程中的截图。

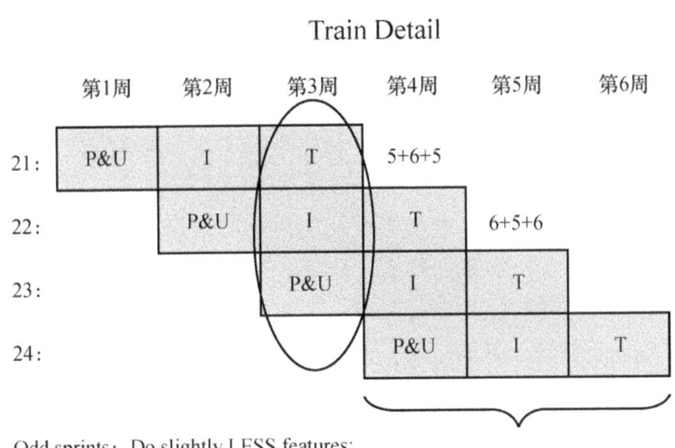

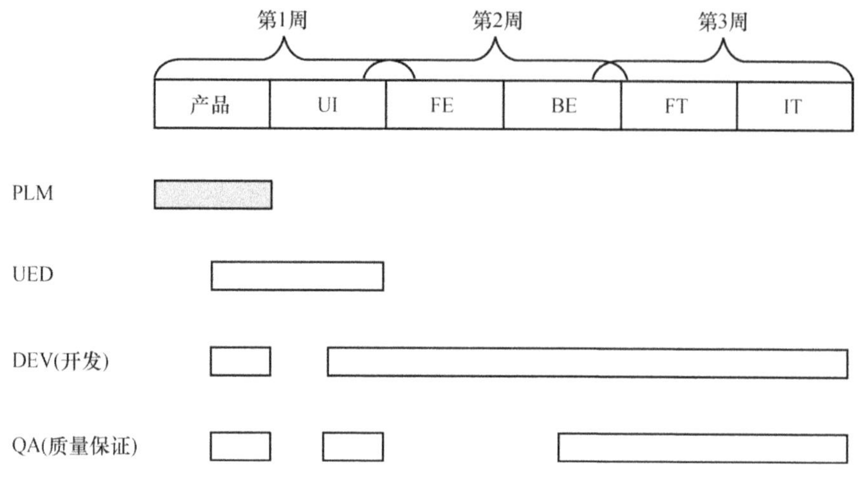

后来稳定下来的是两周的版本：开发一周，测试一周，然后就会将其上线。这就意味着同一个开发人员需要同时工作在图中的好几个版本下。

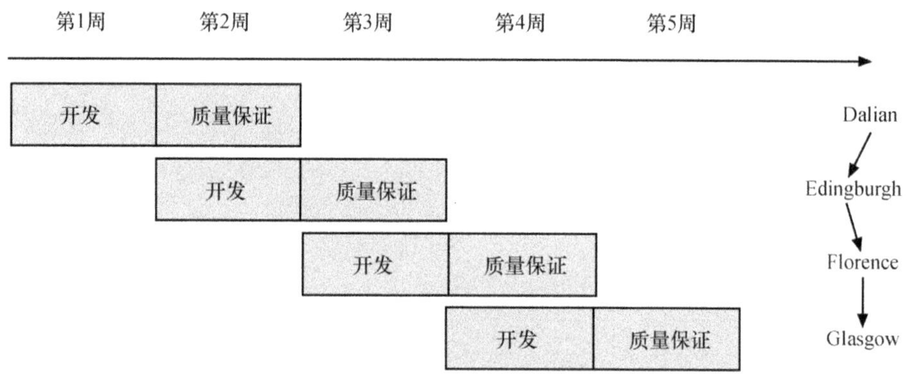

如图所示，在任何一周，开发人员同时工作在 3 个不同的分支上，以第三周第一天为例：Dalian 已经部署到线上，Edingburgh 交付测试，而 Florence 正在开发中。开发人员需要在这三个环境中任意切换，就像任务调度一样，保存上下文，切换到另一个分支，开始工作。我们基本结合了 Git 的最佳实践来完成这样的工作。

关于 Git 的使用，在这里就不详述了。

sprint 计划会议一般在周一早上举行，从积压任务表（backlog）里面将一周的工作安排确定下来。在 Tao 的建议下，我们把项目管理工具从线上的 bugzilla

切换到本地的 redmine。所有的积压的任务都会被放在 redmine 里，然后每周计划会议时会把需要完成的任务放进当前 sprint 中，并且分配到相应的人手里。

尽管我们用 redmine 来数字化管理每个任务，大家还是认为我们一直使用的故事墙的方式更直观、更形象，在站立会议的时候更好更直观地让每个人知道别人的工作状况。所以每个人在 redmine 里领到任务后，会在小黄便签上写下自己的任务 ID、任务简称、执行人等关键信息，然后贴在故事墙上对应的位置。在故事墙上，总共有三列内容：To do、Doing 和 Done。每天中午围着任务墙进行站立会议，轮到某个人介绍自己工作的时候，他会边介绍边把自己的任务挪到相应的分类下。

我们运作站立会议的方式很独特。在助跑阶段，Nanfang 就建议站立会议最好有个吉祥物，类似令牌网络中令牌的作用：拿到吉祥物的人才能说话，其他人都静静地听。于是我从家里的毛绒玩具中挑了一只维尼熊作为这个会议的吉祥物。这小家伙在以后的日子里成为途客圈最上镜的毛绒玩具，每天都会被亲切地传来传去。在第三极 18 楼，我们成了一道风景线——一个大会议室的玻璃墙整个被我们占据，上面密密麻麻贴了各种各样的小黄便签。中午时分，当别的团队开始排队午餐时，我们围着会议室，或一个圆，或两个圆地在开站立会议。每当创新工场有形形色色的人来参观，都忍不住在这面玻璃墙前驻足拍照，而我们则善意地一遍又一遍地请走他们，不许拍照。

到了周五（或者周六）下午下班前，我们会对本周的新功能进行演示，大家一个个上台，展示自己亲手做出来的东西，接受大家的评判。有时候一周下来，没什么太多可见的内容展示，展示会议就短些；如果有很多可见的功能，展示会议就长些。

最后，每个月月末的周五下班前，还会进行时长 60 ~ 90 分钟的回顾。在前文中我已介绍过回顾，这里就不详述了。

整个团队以这种方式运作了一段时间后，大家抱怨一周固定的会议太多，后来我们把周一的计划会议和周五的展示会议合并，一起在周一举行。

可爱的实习生

在途客圈的团队里，活跃着一群可爱的人，那就是实习生。他们在不同的阶段，为途客圈的发展做出了巨大的贡献。

途客圈天然对非技术类的实习生有着强大的吸引力。原因有二：

（1）顶着创新工场投资的光环；
（2）旅游行业本来就显得很有格调，对学生吸引力强。

所以对于非技术岗位，我们不愁招不到实习生——我们每次放出一两个编辑/运营的实习岗位后，都接到大量的简历。由于接到的简历实在太多太多，我们不得不做了很多高标准的要求：

（1）热爱旅游，最好有出国旅游或者交换生经历；
（2）有较强的英语翻译能力；
（3）有较强的文字功底。

结果我们第一期招来的几个实习生的背景都挺吓人的，有诸如哥伦比亚大学这样的世界知名学府的交换生。后来因为团队女生的比例实在太高，结果我们不得不在操作层面搞“性别歧视”，大大降低编辑/运营对男生的要求，才使得男女比例稍稍平衡——这跟招程序员时，表面上男女不限，实操上男同学面试要求写个非递归的二叉树遍历算法，女同学能写递归的即可有异曲同工之妙。

前面提到，途客圈前期运营的很重要一个任务就是将爬来的数据中文化。我们让实习生选择自己喜欢做的城市，基本上一个城市分配到一个人身上（远程的兼职翻译们也同时在做）。翻译是件非常枯燥的活，我们时不时会搞点儿小团队建设（team building）活动给大家重新充电。我一直觉得让这些高材生做这样枯燥重复的工作委屈了他们，浪费了他们的才干，但这就是市场：一个愿打，一个愿挨。好在大家干活的热情还比较高涨，做一个个景点的内容时顺带着憧憬一下自己将来也可以前去，稍稍舒缓点压力。

技术岗位的实习生要难找一些，主要原因是稀缺。有实战经验、能够快速学习的技术背景的学生本来就是少数，被大公司吸纳后，剩下的就不多了。我们拿到的简历不少，但是符合要求的不多。

Jinxin 和 Xintao 是其中的两个佼佼者。

Jinxin 和 Wangxiao/Chiyuan 一样都毕业于武汉大学，Xintao 毕业于华南理工大学，他们俩一个做后端开发，一个做 iOS 开发。Jinxin 上手能力非常强，很快接手了大半后台管理的模块。之前提到我们使用的开发框架是 Django，本来做 admin 是件轻松的活，但我在技术选型时选用了 MongoDB 作为后台数据库，导致 Django 的 admin 变为“废柴”，我们只好自己从头去写。最初的 admin 是我做的，Chiyuan 做过一段时间，后来转给 Jinxin 接手。他做这部分工作毫无压力，还帮忙解决了很多线上的 bug。后来我设计了一个统计框架交给他实现，他完成得干净利落，完全超出了一个实习生的水准。可惜他有别的人生目标要追寻，实习期满后没能留下来。

Xintao 在加入途客圈前，已经有比较扎实的 iOS 产品能力，我们招他进来是想做一个欧铁时刻表的 App，顺带给给孤单的 Jason 一个帮手。Jason 和 Brian 加入途客圈后，Jason 负责接手 Nanfang 留下来的途客圈旅行助手 App，而 Brian 则进入运营团队。Jason 加入途客圈后的几个月间，基本都是独自一个人做 iOS 开发，在技术上很多问题无人讨论，很多时候一个人在角落里孤独开发。Xintao 加入后，这种情形得到一定的改观。至于几乎是他一人完成的途客圈欧铁时刻表 App，我会撰文单独叙述。

随着开发的工作越来越多，我们对专门的质量保证（quality assurance，QA）人员的需求也越来越多。早期途客圈，我们尝试过测试驱动开发（test-drived development，TDD），后来觉得开销太大，便转变成开发完成后只做主要路径的单元测试（unit test，UT），使用 Jenkins 做持续集成。每次有代码提交，Jenkins 服务器都会做一次完整的构建。后来在不断改版，以及需求和后台 API 不断变化的过程中，UT 没有及时跟上，后来逐渐废弃——这是我们开发实践中让人比较痛心疾首的地方。在后来仅仅有零星 UT 的日子里，我们累计的 bug，尤其是回归测试的 bug 越来越多，为了让系统稳定下来，我们开始招 QA 实习生。

在这一职位上前前后后我们招了不少人——Wangyang 是最优秀的那个。Wangyang 做事严谨扎实。他加入之前，QA 的职位好长一段时间都是途客圈全体员工共担。“共担”是个巧妙的托词，足可见我对互联网行业专职 QA 的成见（或者说不理解）——我觉得做互联网似乎没必要设置 QA，全体员工有空就在网站上多泡泡，顺带找 bug。但毕竟每个人都有自己的活，不可能系统地对每个新上线的功能完整试验，更别提回归测试了。

对于测试人员我一直倾向于做测试的软件开发工程师（software development engineer for test，SDET），而非 QA，但好的 SDET 难找——喜欢写代码的工程师更喜欢在产品上体现他们的价值。于是我把目光转向了 QA——我不确定我们究竟能得到什么样的结果，所以抱着试一试的心态找了实习生。这就是 Wangyang

加入我们的背景。

很快他就让我感到不舒服。作为一个 QA，能够让开发人员感到不舒服就是他成功的表现。很多隐藏的 bug 被揪出来，我们积压的 bug 越来越多。当时我们四五个开发人员工作在网站的改版上，他一个人就把我们折磨得死去活来。每次新功能开发完毕，他都能发现不少问题，更重要的是，他会同时能对新功能影响到的地方做回归测试，又揪出不少问题。于是，一个迭代开发结束后的一周，我们过得都比较痛苦。后来，痛苦成了家常便饭，也就慢慢适应了。

我觉得好的 QA 应具备的品质是：责任心，严谨，坚毅，不屈不挠。QA 在测试时应该是中立的，集中精力决定什么是真 bug 什么不是。一旦认定是个 bug，就死磕到底（前提是善于沟通表达），不管对面坐着的谁。Wangyang 很符合这个要求。

同样严谨与坚毅的还有我们的产品实习生 Zhuangyuan。我们设置这个职位是想找一个类似产品助理的人，帮助将讨论过程中产生的产品想法记录组织起来，并监控整个项目的运作过程。后来逐渐发现，Zhuangyuan 在项目管理上，尤其是项目时间管理上做得很出色，所以，很长一段时间他的主要工作是做和项目进度控制相关的事。这又是一个少不了和开发人员打交道的工作。做过软件项目的人都知道，一个软件项目的资源估计，时间估计往往是不准确的，延期不超过 25% 就谢天谢地了。一周又一周，开发人员焦头烂额之际，有人上来质问进度，提醒排期，绝对不是讨喜的事。但是 Zhuangyuan 在这方面做得很不错，顶着压力，时不时拿着项目进度表来催促我们。

Zhuangyuan 后来也有自己的个人目标去追求，在服务途客圈 4 个月后，他离开了。看着自己备份在 Evernote 中的离别邮件，我一时间感慨万千。

> 转眼间，我在途客圈实习快 4 个月了，非常珍惜这段和大家一起奋斗的日子，尤其是这段时间和大家一起为新版本上线而努力奋斗的岁月，28 日那个让我们一起通宵达旦一起奋斗的不眠之夜……也许人生有许许多多的不眠之夜，曾经和同学通宵上网、通宵打牌……但是这次尤其让我难忘，因为这一次与众不同！因为这是我们奋斗多日来的成果展现！
>
> 尽管还有很多 bug，尽管还有很多不完美……也许正是这种不完美，让我们创业历程显得更加真实完美，一帆风顺的人生没有意思，一帆风顺的创业，也不是真正的创业……

跟我们的新版上线一样，我也遇到了几个 bug（由于之前逃课过多，挂了太多科目，需要花费大量时间来准备各种“毕补”，还有“毕设”），因此我打算回学校去修 bug 去，顺便“享受”最后的大学时光，很遗憾因为学业的 bug，没能和大家一起走到最后，但是我们的目标是一样的：都是解决 bug，让产品更加完美，让人生没有缺憾！

最后感谢大家这么长时间对我的照顾和帮助，我感激不尽，谢谢亲爱的途客们。

好话不多说，大家走起！一起去解决 bug 去，一起为新版产品和没有缺憾的人生而努力奋斗。

VIE 和 75 号文

在中国做互联网，绕不过的一个话题就是 VIE（variable interest entity）。VIE 本来是个财务词汇，叫可变利益实体，也就是上市公司和实际运营的公司之间并非控股关系，而是协议控制关系，通过一纸协议的规定，实现财报的合并。简单来说就是 A 公司并不实际持有 B 公司的股权，但 A/B 公司签了一份协议，规定 B 公司的所有权益都归 A 公司所有。由于众所周知的原因，国内的互联网对外资限制很多，基本上运作互联网所需要的牌照资质都是不允许外资公司持有的。但互联网是个投资密集型的行业，大部分投资都来源于美元基金，而美元基金是典型的外资基金，投资人会要求被投资的公司建立外资公司以便日后的退出渠道，如境外 IPO。可惜一旦这样操作，就无法满足国内法律法规对互联网公司的资质要求。所以聪明如新浪，巧妙地利用 VIE 结构，让上市公司（及其附属公司）协议控制实际运营的境内公司，达到纳斯达克上市（投资人退出）和我国境内运营（获取相关资质和牌照）这样鱼与熊掌兼得的状态。

自新浪后，但凡美元基金投资的中国互联网公司，都要做这么一个结构。可以说，中国互联网的繁荣，离不开 VIE。你所能叫得上名字的互联网公司，几乎都运作在这个体系之下。

当然，这是个扭曲的组织结构，某种程度上来说是钻了国内法律的灰色地带（国家并未明文支持或者反对这一结构）——如果没有契约精神，B 公司（运营实体）的法人撕毁协议，A 公司（上市实体）几乎没有任何回旋余地。

途客圈在获得天使投资的50万美元后，就不得不做一个复杂的VIE结构。如上所述，一来为投资人准备好一个方便他们退出的公司治理结构，二来方便日后资金的进出。这个VIE结构，包括外汇管理的75号批文登记，差点让我们的现金流断裂。

一个VIE结构一般是这样完成的。

（1）公司的创始人（管理团队）设置一个离岸公司。我们常常听到的BVI公司就是在英属维京群岛设立的离岸公司。BVI公司的好处是无需缴税，无外汇管制，资产受保护（避免遭受外国政府的征用和没收），且高度保护股东的隐私。所以一般BVI公司用做上市实体的持有人。

（2）该公司的所有股东，共同成立一个公司，作为上市的主体。一般而言，上市主体会选择开曼公司。开曼公司比BVI公司更规范，监管更严格，主流的我国大陆以外的证券监管部门，比如SEC（美国证券交易委员会），都接受开曼群岛注册的上市公司，所以一般上市主体会选择开曼公司（离岸公司的其他选择还有百慕大群岛）。当然，注册美国本土公司或者香港公司等也都可以作为上市主体，但从法律、财务等方面比起开曼这样的离岸金融中心而言监管还是严多了，而且税收上也没有太多优惠。

（3）上市公司的主体（开曼公司）在香港设立一个拥有100%股权的壳公司。设立香港公司的好处是，香港与内地有税收优惠安排，可以获得一些税务豁免，股东分红给海外公司也有很好的税率。所以香港公司一般作为海外结构的最后一层，直接股权控制内地的外资企业。

（4）香港公司再设立一个境内外商投资企业，也就是人们误称的WOFE——实际为WFOE（wholly foreign owned enterprise，外商独资企业）。WFOE是关键的一环，最终由WFOE协议控制境内的内资公司（运营实体）。

（5）WFOE与内资公司签订一系列协议，达到控制内资公司的目的。

这个结构绕来绕去，很晕。BVI → Cayman → HK → WFOE →内资公司，这个结构的核心是协议控制，所以如果不考虑避税和其他便利，其实一个最简单的VIE结构可以做成：Cayman → WFOE →内资公司。这是我瞎想的，估计没人会这么做。

途客圈在2012年7月便已经在海淀注册好了内资公司“途儿汇智科技有限公司”。做了VIE结构后，这公司被“途客圈有限公司”这样一个WFOE协议控制，然后如上所述一层层被各种壳公司全资股权控制，直到开曼公司。这个看上去无比复杂的结构是代理帮忙做的，但做这个结构的过程中也少不了辛苦创新工场的法务。Alex、Kent和我都是第一次做这样的东西，所以非常兴奋，问这问那，似乎有永远问不完的问题，而创新工场的法务总监林律师总是很耐心地给我们解答每个问题。

VIE 是个美好的、着眼于未来的结构。但它的设立非常费时，尤其是其中关键的 75 号文件的处理。我们从 2011 年 10 月拿到 50 万美元的投资后就开始设立 VIE 结构，到次年 2 月，这一结构还没设置好（75 号文件登记没做完）。摆在我们很现实的问题是，我们的现金流支撑不到这个结构完全做好的那一天。

从 2011 年 6 月公司创立开始，我们自有的 50 万元人民币加上创新工场提供的 15 万元人民币种子投资就一直被严格地控制用度。即使三个创始人一直不拿工资，养活一个成一定规模的小团队，现金流还是相当地捉襟见肘。到了 2012 年 2 月，距离我们获得天使投资四月有余，我们却一点都动不了这笔美元；同时，我们的现金流已经告罄。Alex 和 Kent 又一人拿了 10 万元，作为借款，借给公司来发放员工的工资，而我，家中已无余钱借给公司周转。

75 号文件登记是设立 WFOE 的关键一环，也使我们放在开曼公司账上的钱能进入境内，变成人民币，供我们开销的重要步骤。这个文件我没有具体读过，当时我的心思全都投在产品开发上，法务那边时不时需要签字的文件我也一扫而过就匆匆书写大名。所以对这个文件，我只有个模糊的概念：它是为了阻止热钱借着投资的名义无序流入境内的一道防火墙。

只是，这防火墙差一点把我们坑死。2012 年 2 月底，经过 4 个月的煎熬后，我们终于成功设立了 WFOE，随后几周，我们放了很久很久的投资终于可以正常花销了！现在回想起来，这里能有笔大生意：阿里巴巴应该在开曼群岛开设“余额宝”业务——因为像我们这样，大额资金在银行一放好几个月的例子比比皆是。如果按年化收益率 6% 计，这 4 个月投资收益相当可观啊。

同时，我们的大改版也接近尾声，每个人屏气凝神，等待着投放市场那一天的到来。

通宵上线

这次上线的日期是 2012 年 2 月 28 日。我们在项目计划的时候订了一个季度末的日子，然后就没日没夜地赶工，直到最重要的工作完成。iduu 设计的新版 UI 整体感觉好了很多，更接地气，更有旅游的感觉。新版的旅行计划工具也朝着更加实用的角度发展——用户可以在工具里完成景点的浏览添加、日程安排、线路自动优化。在旅行计划工具里，有地图视图和日程安排视图，可以来回切换。我们得到的 booking.com 的酒店数据也被无缝集成进来，方便用户在行程中添加酒店。除此之外，我们还做了一个很有意思的协同编辑功能，偷偷地一同上线了。

协同编辑旅行计划一直是我们的一个心结。在有一年“十一”我和小伙伴一起去丽江的时候，大家通过 QQ 讨论去哪儿、住哪儿、怎么玩等来一起敲定方案。当然，主规划师（负责人）只有一个，但人人都是建议者。用 QQ/ 微信 / 邮件这样的工具处理类似行程规划的协同任务是非常低效的，最终负责人需要从一大堆语境下找到大家的建议，一点点找出比较一致的部分，然后形成一个规划，很烦琐，很低效。所以我们希望在途客圈的产品中能够解决这个痛点。

我们的想法是：多个人可以一起编辑一个旅行计划，编辑的动作互相可见。比如说 A 在计划里添加了地点 X，如果 B、C 同时在编辑该计划，他们会看到这一变化，可以评论、投票（喜欢），甚至将其放入某一天的规划里，大家立即在地图里看到变化。如果你用过 Trello，就是那种感觉。

我在这上面花了不少时间寻找方案。WebSocket（socket.io）是客户端必然的选择，但服务器端到底采用什么方案，我一直在尝试。Node.js+socket.io 显然是最佳选择，前后通吃，但和系统的其他部分结合稍嫌麻烦；Node.js 在那时还不算一个成熟的选择，我们也没有太多的经验。而我们的后端使用 Python，所以寻找一个 Python 的 WebSocket 服务端实现就是我的首要目标。在 2012 年年初的节点上，Tornado 显然是最佳选择，其他的实现要么感觉不那么成熟，要么感觉维护者随时会甩手走人。

所以一开始的原型我选择了 Tornado+socket.io。简单做了一个聊天页面，运行很好，但在 IE7 上（在当时，IE6 已经被我们大胆地抛弃了）有一点小问题。那时我还在寻求其他的解决方案，正巧发现了 Pusher.js 这一神器，稍一试用，便义无反顾地投入了它的怀抱。

Pusher.js 是一个收费的服务。仅仅使用 JavaScript（Pusher.js）就能完成通知服务。浏览器间可以通过 Pusher.js 的服务器（而非我们自己的服务器）作为中转进行 WebSocket 通信，这和我们旅行计划的协同需求非常吻合。另外，使用它能大大减轻我们服务器端的工作量，主要的开发通过 JavaScript 完成即可，而我们付出的代价初期仅仅是每月 19 美元（即使日后用户量激增也有 49 美元、119 美元的选择），可以支持 100 个用户同时在旅行计划中协同工作。

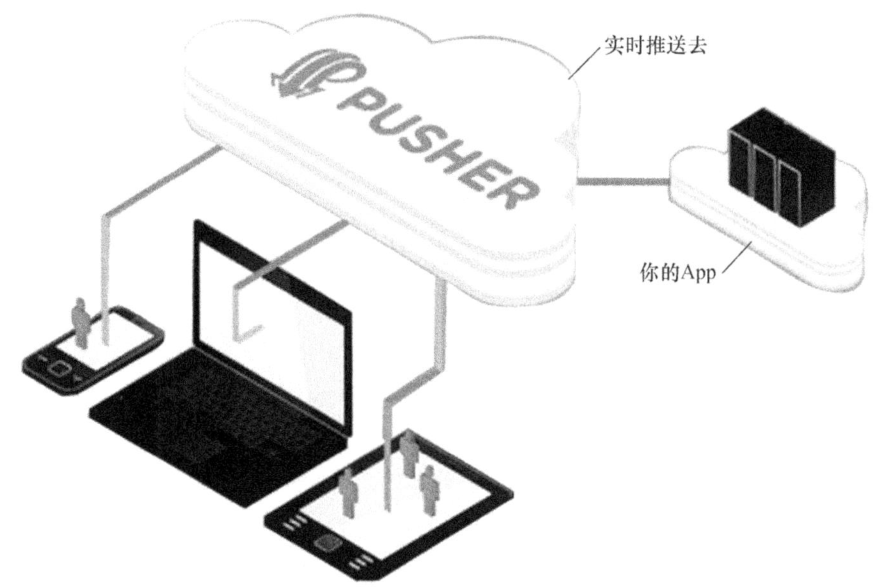

作为一个 CTO，开发产品的过程有很多妥协。很多时候开发人员喜欢自己琢磨出一些解决方案，来展示自己的能力，或者说锻炼自己的能力。我也有这样的倾向。但真正把一个想法落实到一个产品上，我坚持用最小的代价获取最大的利益。我们可以选择 Tornado+socket.io+Redis（PoC 阶段不必考虑消息存储，但产品阶段必须引入），全部自己实现；也可以选择 Pusher.js 的方案。前者我们对方案有绝对控制权，但实现时间数倍于后者；后者我们看上去需要额外花钱，还没有太多控制权，但很快能够做出产品级的东西（当然遇到扩展的瓶颈后，还是自己实现最符合利益）。一个创业公司，时间重于一切，很多想法未必对用户价值很大，所以我们需要尽快做出来试错。扩展的问题，是一个甜蜜的问题，一旦发生，说明我们已经游走到了成功的边缘，再补救也不算迟。

最终我们上线的产品包含了协同编辑——虽然我们没有重点宣传这一酷炫的功能。我们希望先看用户对整体改版的感觉，对新版计划工具的感觉，然后再去评论协同编辑。

我们采取了一个特别的方式——整个团队整体通宵——来庆祝上线。上线前的一两周，基本都是开发人员轮流通宵。最辛苦的是 Tao，印象中最后一周他连续在公司住好几天，每天早上我到公司打开灯，他都在睡袋中蜷缩着。所以当整个团队一起通宵的时候，我们这些写代码的，感觉非常幸福——小家庭的感觉。为了这个夜晚，我们订了一堆鸡翅和肉串，准备了各种小吃、软饮。上线的脚本、branch 的 collapse、blocker bug 的清理之前都已经完成，只需 Tao 按下一条切换 Nginx server 的命令，已经在 live.tukeq.com 待命的全新网站就会切换到 tukeq.com 下。整个团队需要做的，只剩下吃吃喝喝，尽情玩乐，等待零点钟声的敲响。

我一边大口大口开心地啃着鸡翅，一边紧张地计算着桌上剩余的食物会在多久后被扫荡干净。途客圈的一个不成文的文化是“在美食面前放下节操”，所以每每有摆在桌上的美食，就像动物世界中不慎被鬣狗群袭击的水牛，瞬间就被围而歼之，变成一个个骨架。

零点前夕，工程师们像极了正在场地一角上准备出赛的拳击手——旁边一堆妹子们忙不迭地端茶倒水，揉肩捶腿。随着 Tao 按下键盘，旧版的途客圈瞬间成为了我永恒的记忆。突然想起一句词：“韶华不为少年留，便作春江都是泪，流不尽，许多愁。”

顿时泪满沾巾。

永定河峡谷徒步

改版后，我们的流量和用户活跃度有了新的起色，uservoice（一个用户反馈系统）、百度统计和我们自己的统计功能都显示收获了不少数据。感谢“伟大”的墙，在这次改版后我们正式弃用 Google Analytics，换上了百度统计。有些产品就是这样，你一边感到很不爽一边还不得不用——这让多少做产品的人抓狂！我们还尝试过 MixPanel 的 free plan，可以深度追踪一个用户的访问全过程。但我们并未深入使用下去，毕竟，这样的创业项目不知道会发展成什么样子。

就这样我们一边继续一个又一个 sprint 做着，一边紧盯用户的增长，一个月很快就要过去了，期待中的“长舒一口气，可以好好歇歇了”的场景并未出现。直到有天周五，大家在会议室里一起做复盘的时候，有人表达了“好久没有一起出去玩了”的意思，然后大家纷纷附议，我们才想起离上次团队建设已经过了小半年了。

于是大管家 Kent 便开始策划一次徒步，目的地瞄准了北京周边的永定河峡谷。当时是这么计划的：先找一辆车把我们随便放在沿永定河的公路边，然后我们自己背着帐篷沿河走，走到天黑找地方搭帐篷，过一夜，第二天接着赶路，一直走到旧庄窝火车站，然后乘火车返回北京。

作为一个户外盲，我爱死这个方案了。长这么大第一次参与这种强度的徒步，正好让我好好考察一下自己日渐丰腴的身子，看看“尚能饭否”。团队其他人也非常兴奋，于是这个方案就这么敲定了。

本来出行定在了月底，但那天 Tao 临时有约，我们只好把出发日期调整到一个尴尬的日子：4 月 1 日。

一大早面包车就接着我们从第三极出发。一路欢声笑语，我们像极了春游的学生。很快到了徒步点，我们下了车，一路上精神萎靡，肠胃里翻江倒海，不太舒服的我这时忍不住开始哇哇吐了，吐干净了肠胃，精神反而抖擞起来。大家看我无碍，就嘻嘻哈哈地排成一字长蛇阵，浩浩荡荡沿路前行。

沿河走了一段公路后，大家觉得总这么走没意思没挑战，纷纷要求沿着野路走，伺机找条路走到河的另一侧。走在前面的 Tao、iduu、Brian 很快发现了一条过河的路——由几块大石头组成。这路男生走起来还可以，女生就需要手拉手了。看着大家默契地团队配合，我在后面一边乐一边拍照。

远离北京的喧嚣，在这山谷中走着，右侧是群山，左侧是小河，头顶是蓝天，脚下是青草，很是惬意。羊群缓缓经过身边，赶羊的农妇满面沧桑。她呼喊着号子，挥舞着鞭子，像交响乐团的总指挥，羊群就在她的指挥下有序前行。

此情此景，我们也顿生豪迈，有种时空逆转，自己都是幽并游侠的感觉。

走着走着，前方无路。我们只能返回到公路上。问题是，一路走来我们并未发现有可以趟水回去的路，折到之前的渡口显然不可能，唯有强过。好在水流在此处放缓，水也不深，试探了好多地方后，我们终于找到了一处河底平缓、水深刚刚在膝盖附近的路，然后男生们纷纷撸起裤管儿，先把装备背了过去，回来再一个个背女生过河。腿插在水里，透心凉，体表温度根本无法恒定下来，走一趟感觉腿就要失去知觉。有那么一两人脚底一滑，惊吓了大家，好在迅速控制住了平衡，没有酿成更大的事故。就这样，有惊无险，大家又回到了大道上。

一直这么走着，前路漫漫，看不到头，挺枯燥，也挺考验意志力。渐渐地，队伍拉得越来越长，前面的人已经看不到队尾。我们不得不过一会停歇一下，好等等后面的人。那时我虽然不停长肉，但和大伙一周打好几次飞盘，身子骨也算练出来了，所以并不吃力。而且我从小体格就是属于那种爆发力欠缺，持久力不差的类型。

所以说上帝是公平的：关了一扇门，还会给你开一扇窗。耐力上的优势让我在这种需要耐力的徒步上，一直处在第一集团。

很快我们过了北京界。看到界牌，大家的情绪一下子被引爆了，纷纷在北京界和河北界的牌子处各种拍照留念。我好几次想严肃点照个帅一点的照片，都被他们打乱，最后只好作罢。

然后我们就继续前进。同一条路，北京的路路况很好，平整舒适的柏油路，到了河北这边，就是坑坑洼洼的水泥路，甚至时不时来段土路。我记得有次去野三坡，也是这样的情况。

渐渐地天要黑了。我也变成了第二集团——体力超好的 Tao，iduu 他们已经走出去好远，去探寻扎营的地点。等人集结齐了，我们就按照他们找到的地点开始扎营。

户外的晚上天黑得格外快。等我们扎好一个个帐篷，从周边的林子里搜刮出各种柴火点起篝火时，天色已经暗了下来。不知谁发现了滚粗的原木，我们就两人一组，扛回来四五根大粗木头，围着篝火一摆，便成了舒舒服服的座椅。摆好气锅、烧烤炉，排开各种有待解决的美食，我们开始了野外烧烤。走了一天，中午补了点干粮，现在每个人都饥肠辘辘的，看见食物眼睛里都能冒出火苗——所有能入口的东西都被看成了美味佳肴。记得平时不受待见的方便面，此时也被大伙疯抢，场面一时变作“疯狂原始人”。

吃饱喝足，伴着茫茫夜色，我们开始狼人杀。围着一堆篝火，火光照在每个人的面孔上，除此之外，便是无边无际的黑，黑到不远处的帐篷都看不清楚。此时此刻，还有什么比狼人杀更带劲的游戏呢？大家玩得很 High，一局一局地杀着，一个又一个的轮回。那些出场就被狼人杀死的无辜“村民”，比如我，不甘寂寞，悄悄隐藏在黑暗里，然后偷偷走到某个人身后，拍拍她 / 他的肩膀，伴随着惊叫，心满意足地悄悄隐去。

夜越来越浓，风也越来越刺骨。四月的华北，还是萧萧瑟瑟的感觉。渐渐变弱的篝火已经无法为这么多人取暖，大家困意也越来越浓。除了这片篝火，极目远眺，周围再无灯火。远离都市，心中对于能看到满天繁星的一丝期待，也在渐渐转阴的天气里化为乌有。大家各回各帐篷，各找各睡袋。

第二天一大早，天微微亮，我就醒了（其实一夜未眠），拿着手杖、手电巡视了一圈，发现几个帐篷都安好，并无“狼人”袭击，我终于舒了一口气——做个法人代表不容易啊。估摸着早上还要再补充点食物，我开始收集继续点火的木柴。慢慢也有人起来了，大家就开始准备早餐。这时，一个当地农民过来了，说我们偷了他的柴火烧，要按每斤多少钱赔偿。强龙不压地头蛇，几经谈判后，我们给了他一两百块钱，附送所有的烧烤设备，算是摆平了这半路杀出的程咬金。

随后，我们收拾干净垃圾，就继续上路。

没走两公里，我们就发现，我们的目的地，火车站已经近在咫尺。看来头一天赶了太多的路，把我们这天的行程给走完了，真是哭笑不得。我们只好又觅了一片离水不远的开阔地，支起一个帐篷，围成一圈打三国杀。最终，把时间耗到火车来前的那一刻，才依依离别。

产品经理之痛

在我们永定河峡谷徒步归来后，Leo 正式加盟，成为我们的产品经理。Leo 的加盟，实际上是我们在产品矛盾上的一次妥协——此时途客圈网站端要做的事情大的方面已经做得差不多，接下来如何走大家有些分歧和茫然，最终决定从外面找一个产品经理。

寻找产品经理这件事情展示了我们的不成熟。Alex、Kent 和我，三个人都没有互联网背景，这也是我们做产品时总有点自信心匮乏的原因——尤其当我们做出来的产品总是有各种各样的毛病时，这种不自信尤为明显。所以我们总寄希望于找到一个优秀的产品经理，把产品拉到“更加互联网”的方向上。

这是为何当新版本途客圈接近尾声的时候，我们就展开了漫漫寻找产品经理之路。

在 Leo 之前，我们面试了好几个产品经理，但都觉得不够资深。直到 Alex 在某次聚会上遇见了 Leo。当时 Leo 是某社交旅游产品的产品经理，曾经做过某职业社交产品的产品经理，负责整个产品的设计和带领团队实施。Alex 觉得 Leo 的背景和途客圈比较匹配，而且他的朋友 Brian（一个台湾创业者，曾经在 Leo 所在公司的投资部实习，和 Leo 同一个办公室）也给 Leo 很不错的评价。

从各个方面看，Leo 都是不错的人选。我们先后跟他谈了两三轮，除了觉得人稍稍有点飘之外，都觉得挺满意。产品经理（或者说大公司里出来的产品经理），或多或少都有些“飘”，这是通病。

当时我还有另外一点点小疑虑：就是在介绍产品的时候，Leo 总是使用“我”跟“他们”。这种对用词的“敏感”是我在 Frank 手下干活时形成的——那时他要求我们看一本叫《美国式团队》的书，其中有一篇就指出凡涉及团队，要说“我们”，而不是“我”/“他们”。团队是一体的，对于经理，出问题责任在于自己，出成绩功劳是大家的。Frank 对此特别在意，也就导致了他团队里每个人对此都非常介怀。所以我当时听到他介绍自己曾经做过的项目时不断地用“他们”，心里感到有点不太舒服。我跟 Alex 和 Kent 说了我的顾虑，他们觉得这不是大不了的问题——用语习惯而已。

由于产品经理这个职位的重要性，我们怕自己在鉴人方面不够准确，于是我们在基本敲定 Leo 后又拉上创新工场的投资经理 Xuwei 再面试了一次。最终大家一致认为 Leo 是目前我们接触到的最好的产品经理的人选，于是这事就这么定了。

当团队徒步归来后，我们在例行的 sprint 计划会议上向大家正式介绍了 Leo，以及他在团队中承担的途客圈网站的产品经理的角色。当时我能感觉得到会议的氛围有点怪怪的，但我仅仅认为是大家还未适应“Leo 式幽默”。

后来我找了团队中几个核心成员稍稍聊了聊，大家的看法是觉得空降一个产品经理过来很突然，不知道我们下一步究竟想怎么走。有人怀疑这样下来我们是否能还保持途客圈的初心。

我并未料到情况会是这样子。我告诉大家作为创始人，我们会全力支持 Leo 的工作，请大家也全力配合。

Leo 很快就进入了状态，开始对网站做外科手术。一个又一个需求点被列出来，然后加入到积压任务表里面。我主要负责和 Leo 沟通开发的排期，iduu 协助 Leo 做产品设计，菲姐带领编辑团队满足内容运营的需要。大家合作得还算不错。

但私底下，Leo 与团队总感觉有那么一层隔膜。之前我们不断有新人进进出出，但很快就被团队同化；Leo 来了有段时间，但一直和团队的气质格格不入。工作之余，Leo 基本上是孤零零的一个人。我虽然看在眼里，但也没有采取实际行动去帮助他更好地融入团队。

那段时间我自己的士气也不那么高涨。之前 Kent 承担产品经理角色的时候，我还经常跟他顶牛，争得面红耳赤，脾气上来时，某个我认为不合理的需求就是按下不做。尽管如此，我们都知道，闹归闹，吵归吵，动静再大，也不会伤及感情，过两天就释然了。但跟 Leo 就不同，本着用人不疑，疑人不用的原则，我们尽量让他放手去做。但我和他似乎总是一种相敬如宾的感觉，都小心翼翼地避免碰触对方的底线。而且，为了帮助他树立产品经理的权威，或者说，为了在大家面前展示对他的支持，我很少反驳他的意见，就像一个橡皮图章一样，公开场合下 Leo 有什么需求我都默认点赞。渐渐地我憋在心里想说的话越攒越多。正巧 Jason 在“途客圈旅行助手”上需要人帮忙做 Rest API，我就干脆把网站的活分配给其他人，搞 API 去了。

从产品的理念来说，Leo 跟 Alex 比较接近，对社交情有独钟。后来他跟我复盘的时候也坦诚“当时和 Alex 谈产品方向的时候，其实我想的一直是旅游社交或社交点评的东西”，而我，之前也提到，对工具有非常深的倾向，从根上就不看好旅游社交。所以从产品的理念的角度来讲，我们有比较大的分歧。

我在前面的文字中提过：对于途客圈这样的产品来说，社交应该是产品的一个附属品，是产品巧妙地实现大规模增长的一个可利用的手段而已。产品本身并不一定要呈现出社交的形态。现在仔细再考虑一下，对于旅游这样使用频率很低的应用，社交其实真的不合适。社交应该是偏娱乐的东西——比如明星、好玩的东西、显摆的东西。旅游中的分享算是娱乐的一部分，一半好玩，一般显摆。把旅游的分享揉在生活中其他的娱乐中，人们愿意看，但如果把它单拎出来，时间线里都是旅游信息，会有审美疲劳。因为每个人不可能总在旅游的状态，一个人不可能总看旅游中的分享。

途客圈的新版旅行计划工具刚刚上线，还有很多功能亟待完善，尤其是协同编辑。我们好不容易搭了个协同编辑的基础，本期望在此推出一些有意思的功能，但却被各种社交功能、点评功能给淹没了。

下面是之前我们拟订的一份功能计划（有删节）。

计划编辑器：bug 修复，增加新地点，交通，优化体验（地图、交互）等。

目的地：评价体系（包括个人推荐、系统推荐、星级等），目的地信息的用户产生内容，达人激励机制等。

内部性能提升：test case coverage，legacy code clean up，扩容，搜索算法，推荐系统。

同游：征集同游。

下面是 Leo 来之后的 5 ~ 6 月计划（节选）。

城市主页 / 目的地主页改版：5.14 ~ 5.19。

回忆及新鲜事、新鲜事样式：5.21 ~ 5.25。

社交网站新鲜事发送和同步：5.28 ~ 6.1。

用户首页、未登录首页、内容推荐、用户推荐模块：5.28 ~ 6.1。

新用户行为引导体系：待定。

旅程游记的产品调研：5.28 ~ 6.1。

旅程信息页细节改进：6.4 ~ 6.8。

游记的产品设计：6.4 ~ 6.18。

目的地 wiki/ 目的地基础指南：6.11 ~ 6.22。

个人主页和成就激励、城市达人：6.18 ~ 6.22。

成就展示、个人收藏和计划的组织整理：6.18 ~ 6.29。

列出来的目的不是评判二者的好坏——就一个产品而言无所谓好坏，而 Leo 到来后对产品问题的梳理的确很重要，也很正确，但从中可以看出我们思想上的差异。

我对此闷闷不乐，创业以来第一次积极性受到如此打击。我不断拿“我是错的，他是对的”来麻醉自己，寄希望于 Leo 确实有魔力让这个产品爆发。

但旅游产品确实不是一个能够在用户量上爆发的产品——至少我们都找不到所谓的增长密钥（growth hack）或者产品与市场匹配（product/market fit）。现在想想，团队本该精诚合作，我不该做“甩手掌柜”，把这样的担子交给 Leo 一个人来扛——这害了他，也害了团队。管理中经常拿担当（accountability）和责任（responsibility）这两个意思接近的词来说事。在产品上，创始人必须有担当，产品经理是有责任。对创始人来说，成了，是大家的功劳，输了，最终要拿自己是问。

所以作为技术负责人，我应该更积极一些去配合他的工作，对于各种产品上的分歧，也应该尽早毫不留情地指出来。有时候，感情是吵出来的，只要对事不对人，相互之间都能理解，进而更加互信。

更糟糕的是，我虽然尽量在配合着 Leo 的工作，但我的各种无意间的情绪流露，相信团队里的人都看得出来。我不知道 Leo 和团队一直没能融在一起，不少人对他抱有成见这件事我该负有多大的责任，但肯定不小。

日子就这样一天天过去了，5 月中下旬，Tao 提出了离职，这对团队来说又是一次“地震”。

Tao 神出走

Tao 神大概是 Chiyuan 给 Tao 起的封号，因为打起飞盘来，他太神出鬼没了，叫着叫着大家就习惯了。我曾经在之前写过：

> Tao 有着北大人特有的聪明、敏锐、雄心勃勃，以及与他年龄不符的成熟。聪明人都很清楚自己想要什么，当你能提供时，他充满能量，鞠躬尽瘁；当你无法或拒绝给予时，他伤心蹉跎，黯然离开。

当时 Tao 本打算几个月后就和他在美国的朋友汇合，然后去智利参加一个创业孵化项目。招入他之后，途客圈的氛围和要做的事情吸引了他，使他渐渐打消了这个念头。

学数学出身的他，非常喜欢学习和思考。我记得有阵子 Alex 在捧着一本 Steven Blank 的《*The Four Steps to the Epiphany*》（中文版叫《四步创业法》，翻译得不错，非常值得一读）有一搭没一搭地读，他看见了，就借了去苦读。后来大家就把这事给忘了，可没过多久，Tao 就说想在午间分享的时候跟大家介绍他的读书心得。

途客圈在发展的过程中形成了一个很好的分享机制——午间分享。起初是我制定了一系列课程，针对开发人员（Web 背景）的短板，把我这些年来做系统形成的知识和方法论教给大家。当然，所讲的内容都是和技术有关，团队里非技术的成员曾经听过几次，但大都听不懂，就作罢。后来大家抱怨除了技术外，没有其他的知识分享，不利于大家的提高——所以我们就将午餐的时间利用起来，轮流进行各种知识的分享。渐渐地这便成为团队的一个惯例。

当 Tao 要就这本书做午间分享的时候，我感到很震惊。那本书我翻过几页，英文写的比较晦涩，读着比较吃力，可他竟然能够短时间内通读——北大学生好学的那股劲，你不得不佩服。

他对产品的思考一直很多，对途客圈网站这样一个产品该怎么走有自己的看法。对于目的地，他一直希望能做成 wiki，为其注入用户产生内容的活力；对于用户获取、计划工具、后台管理他也都有自己的见解。他和 iduu 都在私下里跟我提及到希望能够在产品这条线上发展——iduu 还好，设计师基本上是半个产品经理，有不少发挥的空间；而 Tao，更多的时间被我摁在了开发的位置。

虽然开发并不是他的第一选择，但他对开发也颇有兴趣。他有不错的前端功底，虽然对 Ruby/Rails 钟爱有加，但也很快学会了 Django。早期的产品，他做过一些功能，后来开发人手渐渐充盈，他便开始捣鼓运维的事情。在途客圈的 AWS 时代，我使用 boto（AWS 的 Python API）写过一些自动化部署的脚本，后来服务器迁移到本地机房，原有的脚本就没了用处。加上途客圈改版，大家都忙得不可开交，自动化部署这事就放在那里了，每次部署，基本上都是手工进行。

优秀的工程师喜欢自动化，极度厌恶手动操作。Tao 对手工部署容忍度基本为零，所以当我给他分配改版任务时他请求先把整个部署自动化，理由是“工欲善其事，必先利其器”。我觉得这提议不错，就放手让他去做。

Tao 是那种主动性非常高的人——从发现问题（部署不能自动化），到寻找方案（使用什么工具 / 框架），到解决问题（写代码），都自己一条龙搞定，我根本不必过问。我接触的很多优秀的工程师，都达不到这一点，包括 Chiyuan。Chiyuan 的问题不是不够主动，而是不自觉地把我视作权威，有了想法非要跟我确认才敢放手去做。Tao 却不一样，他更相信自己的判断。

花了两三周的时间，他用 fabric 写了一套部署脚本。脚本精细的程度让人叹为观止，我甚至埋怨他过分追求完美而降低了工作的效率。记不起是什么原因了，途客圈使用的 pipeline（一个 assets 打包工具）有点儿问题，需要打个补丁，同时我们使用的 Pusher.js 也需要稍作修改。Tao 把打补丁这件事情也放在了 fabric 里执行，他解释道："部署时任何一个环节不能自动化，那所有自动化的努力就白费了。"他在运维这块做的努力让我有很深刻的体会，以至于后来当我们开启全新的项目 Cayman 时，我先花了不少力气写了一套完整的 makefile 系统，让项目的代码从第一天起就能一条命令从编译、测试、打包一路到部署。

Tao 还解决了困扰我们的一个大问题——无缝部署。这也是他主动承担的任务。之前途客圈网站的新版本部署都只能放在半夜进行，因为每次部署，当前的连接就会被强行中断，如果用户正在做行程规划，那么当前未保存的状态就都会丢失。这对用户来说非常不可接受。互联网产品模糊了国界与时区，国内的半夜真巧是美欧的白天，所以每次部署都会影响一些用户。

他最终采用的无缝部署的解决方案巧妙地利用了 nginx reload 的功效。用过 Nginx 的人应该了解，使用重载，既有的连接不会被中断，还会被 Nginx 服务直至其生命期结束 HTTP 连接是无状态的，生命周期相对其他 TCP 连接要短很多)，此期间（包括以后）的新连接都会使用更改后的配置。所以，Tao 设计了这么一个方案。

（1）线上服务器有两套完全一样的代码，分别是 tukeq-s0 和 tukeq-s1。

（2）Nginx 的 site-available 下有 tukeq-s0/tukeq-s1 两套冗余的配置，分别对应两套代码。

（3）使用 Nginx 的 site-enabled 来决定最终使用哪套配置。比如说现在使用的是 tukeq-s0，要上线一个新的代码版本，那么先部署到 tukeq-s1，构建完成后把 site-enabled 下的符号链接（symbol link）更新为 tukeq-s1，然后运行 nginx reload。

有了这套机制后，我们部署的频率大大提高了，很多时候热修复（hot fix）一经验证就立即部署上线了。

当然，从现在的角度来看，使用 Nginx 重载有扩展性的问题，更好的方式应该是在应用服务器（如 Gunicorn）这一层来做，但在就当时而言，做到这一步已经大大缓解了团队部署面临的问题。

虽然 Tao 在开发 / 运维方面可以做得很好，但他毕竟还是有一颗做产品的心。他很想在产品层面有所作为。但我们偏偏有意无意地忽视这一点。如果说之前他在产品上还有一定的话语权，还时常和我们为产品功能争执不休，当我们开始了改版的工作后，他的产品话语权基本被剥夺，我想这也是他退在一边，醉心于运维的原因之一。当改版完成后，我们不小心拿了 TechNode 创业大赛的头奖（我觉得并非实至名归），某种程度上让团队飘飘然，把一直提着的一口气松了下来，于是，有那么两三周，开发的工作一度陷入停滞。这让他感到茫然——他看到了途客圈的不少问题，也认清了在这里自己无法更好地朝着产品的方向发展，同时，Zhangliang 和知乎也在诱惑着他。Leo 以产品经理的身份加盟只是临门一脚，在那种状态下，无论是谁以产品经理的身份加盟，他一样会走。

当 Tao 告诉我要离职的消息后，我非常平静，只是祝他好运。Alex 和 Xuwei 都是性情中人，知道后有些生气，因为毕竟是创新工场里的兄弟项目在挖角。但我知道，招来一个人却无法留住，那是老板的失职，怨不得其他任何人。

5 月下旬，当 Tao 把一切交接完毕，默默离开后。望着他收拾一空的座位，我才敢相信这是真的。那个戴着夸张的防毒面具写 Ruby 脚本的帅小伙走了；那个中午总不吃饭，左手黄瓜右手胡萝卜，时不时还抱个大柚子啃的柚子哥走了；那个打起飞盘来如鬼魅般满场飞奔的大神走了——从此以后，可以并肩作战的工程师又少了一个。我心疼不已。

创业真是一种莫名的煎熬。

途客圈旅行助手正式上线

和网站端改版同时进行的，是“途客圈旅行助手”App（以下简称“旅行助手”）。途客圈渴望构建的自助旅行的闭环：行前的旅行计划工具；行中的目的地指南，旅行计划查阅，旅行途中的碎片化分享；行后的游记。其中，旅行助手起着一个承上启下的重要作用。一方面，它为用户提供当前位置周边的景点即时信息，同时可以让用户离线查阅之前在网站端制订的旅行计划；另一方面，它提供的旅途中随手的碎片化分享（拍张照片，写段文字），又为行后的游记提供了丰富的素材。而且，由于我们对信息的结构化处理得比较好，这些素材反过来又成为对应景点信息的有效补充和背书。

理想是美好的，现实是残酷的。这么多功能糅合在一起，使得旅行助手从产品诞生之日起就充满了复杂性。张小龙在谈移动互联网产品时提到要聚焦——一个 App 只做一件事情，一个大而全的 App 意味着全面的平庸。旅行助手从诞生之日起就一直很费力地试图摆脱平庸，但我们不得不承认，其最后的结局，还是一款什么都有，但什么都不出彩的 App。

之前提到 Nanfang 离职后 Jason 和 Brian 加入，旅行助手就交给了 Jason 负责实现。当时 Kent 和 Alex 分管网站端（Leo 加盟后网站端就由 Leo 负责）和 App 端两条产品线。由于网站端巨大的工作量，主要的开发人手我都调配给网站端，拨给 App 的只有 Jason 和 Hugh。Hugh 之前就作为 App 的产品设计师与 Nanfang 配合过，所以顺理成章地和 Jason 一起合作继续研发 App。App 所用到的 rest API，基本由 Chiyuan 和我提供——但这对我们来说算是“副业”。后来 Jason 自学了 Djangorestframework 后，干脆把这个活也包圆了——这是后话。

Jason 接手 App 的时候就质疑过 App 想做的事情太多，太复杂，需要精简。我们想了许久，确实很难找出将其精简的方案——或者说，面对这样一个“完美”的信息闭环，我们没有做出大改动的勇气。

于是 Jason 只有顺着这个思路继续做下去。有次我跟别的团队聊 App 时，他们惊呆于途客圈的 App 这么复杂，仅仅由一个人就可以全面负责。我说，如果你深入了解途客圈的开发人员，就会发现他们都是身怀绝技的能人异士——这帮人到了我的年龄，开发水平和成就将大大超过我。

就说 Jason 和 Brian 吧。在加入途客圈之前，他们维护一个地方性的游戏社区，并通过出售 VPN 产品为网游玩家提供品质更佳的游戏体验。在将游戏社区转交朋友打理后，他们两个人一起做了和途客圈比较类似但更偏重旅行分享的一款在线旅游产品，可惜由于草根出身，一直没能就此融到钱进行下一步的发展，所以在 Alex 的努力说服下，加入了途客圈。有次 Jason 为团队展示他们的产品时，我们都感到眼前一亮——界面清爽、功能简洁明了，从产品的成熟度和可用性来看，都比当时的途客圈高一大截。Jason 长于 iOS 开发，会 PHP 和 Flask，能用 Backbone.js 写出一手漂亮的 JavaScript。Brian 精于运营，且做得一手好菜，于是他把这种对品质的追求也放在了前端——他是团队里 CSS 做得最棒的人。

他们俩是那种本可以迸发出更大能量的人。加入途客圈，对他们而言，是福也是祸。他们得以认识一群肝胆相照的朋友，一起获得不错的成长；但他们也被团队和工作束缚，无法最大程度地发挥自身才能。

Jason 在 App 开发上拼尽了全力——作为一个开发者，面对 Alex 和 Hugh 的

产品经理 + 产品设计师的组合是一种煎熬——们俩都欠缺经验，却又比较强势。Alex 总会有一些新的想法，然后就要迫不及待地把想法贯彻到本已沉重的 App 中；Hugh 对于自己的设计过于自信，容不得 Jason 有反对的声音。三个人总是意见不合，大多数情况下 Jason 都是在妥协中继续开发。这个基本上没太多 App 开发经验的团队的弊端是：产品经理天马行空，产品设计有待推敲，因此产品方案无法让开发人员信服——但作为执行者的开发人员又说了不算，所以不得不在郁闷中实现自己并不那么认同的东西。

如果一款产品不由开发人员主导，大抵会遇上这样的矛盾——尤其是产品经理不足够强势又没有成功产品为其背书时。

途客圈的产品和开发在重重争论中艰难前行，Jason 总是一肚子苦水。这苦水，总是第一时间倒给了 Brian，攒到足够多，两人再一起倒给我。偶尔几次，我会跟 Alex，跟 Hugh 谈谈，让他们多多重视开发的声音，但更多的时候，我也就是安慰他们几句，打个哈哈就过去了——产品的矛盾，不是什么大不了的事情，我认为。但我这样肤浅的判断和不那么负责人的行为渐渐导致了日后冲突的加剧。

新版本网站上线后没多久，旅行助手在千呼万唤中终于上线。Jason 终于可以长舒一口气了。这个命运多舛的产品，就像接力棒一样，从 Nanfang 和 iduu，到 Nanfang 和 hugh，再到 Chiyuan 和 hugh，最终交给了 Jason 和 hugh，由 Jason 完成了最终的产品。它的产品灵魂，以及功能集合一直在四处游离，期间交互不知道改变了多少次，代码不知道被废掉了多少回。但最终，这个承载旅行中助手的 App ；这个承上启下，处在关键一环上的家伙终于上线了。

尽管，LOGO 不够精致；尽管，各种大小 bug 不断。

但它还是被推出来了，同时也成为了途客圈的最重要的一块拼图。创业整整一年后，我们把手头所有的牌都集齐了，接下来就是一张张往外打。

旅行计划大赛

新版本的网站上线，途客圈旅行助手 App 正式出炉，使得我们有了更多的底气去做一些推广的活动。之前途客圈的推广都是靠运营团队在微博、各种旅游社区、论坛一步一个脚印做出来的。每个活跃的注册用户，基本上都会由运营的小伙伴来负责后续的跟进——要么拉到 QQ 群里，要么通过邮件进一步联系，总之一个目的，让用户谈谈他们使用途客圈时遇到的各种问题，喜欢什么功能，不喜欢什么功能，等等，并鼓励他们在真正出行的时候使用我们的产品。

这种方式带来的用户虽然质量都还不错，但增长极其缓慢，从 2011 年 9 月到 2012 年 4 月我们才累积了几万用户。面对 A 轮潜在投资人的压力，Alex 希望尽快把用户的数量做上去。

当时产品还有不少瑕疵，赶工式的改版让开发人员疲于奔命，留下来很多 bug 和不少尚未完成的任务，亟待解决。尤其是 4 月我们出现了非常严重的一次上线问题，导致几个小时内，新用户都无法正常注册使用。尽管我们通过邮件和各种社交媒体渠道找到这部分用户安抚并致歉，但还是有小部分用户没能联系上，或者联系上之后表达了对途客圈的极度不满和不再信任——想想看，如果一个产品基本的注册功能都出问题，还有多少信誉可言呢？为此，开发团队做了检讨和流程上的整改。这里面既有开发人员的疏漏——一个简单的 bug 修复，没有仔细做单元测试，也没有经过 QA 测试就直接部署了；也有我的疏漏——每个提交实际上都会在 redmine 里生成 codereview，但当时我的评审有一搭没一搭地做，主要盯着团队里比较马虎的工程师做代码评审，所以这个修复很自然就漏了过去。当然，流程上的问题也很大——那次之后，即使再简单的 bug 修复也需要 QA 验证后才能上线。

基于以上状况，我不太赞成在那个时间节点上做大规模推广。但 Alex 的急迫我也能够理解，毕竟，我们的孵化期即将结束，一些关键性的指标离 A 轮融资还很遥远，运营一直都没有发力，所以最终我同意做一次比较大的推广，试试效果。但在推广的方向上，我们分歧较大，Alex 和 Kent 看到了暑期学生的旅行热潮，希望在这个节点上做面向学生群体的“旅行计划大赛”——大致想法是通过吸引学生在途客圈网站上制订旅行计划，由专家评委和用户投票共同选举出优秀的计划。由于有投票的环节，参与者必定会拉拢他们的同学甚至亲朋好友注册并投票，所以这样很容易拉动用户的增长。

我认为学生并不是我们的核心用户，消费能力有限，不该成为我们推广的重点，同时我们使用的手法即便做了数据，也没有任何意义，所以不赞成——但我也提不出更好的运营方案。争吵激烈的时候，不知道谁说了句“你不懂运营，配合好产品做好技术就好了”，我就愤愤地放手了。私下里我跟小伙伴们抱怨，说这么做还不如我在数据库里生成一堆用户呢，想要多少有多少，还不花钱；如果想要更“真实”的用户，花点钱买个数据库也行啊。

围绕着这次活动的争论成了我们关系僵化的一个开端，渐渐地，我和他们俩人交心的谈话越来越少。这是后话。

为了能够激发大家参赛的欲望，除了合作伙伴赞助一部分奖品外，我们还拿出 5 万元现金作为活动预算，一等奖奖励暑期旅行基金 1 万元——对很多学生而言，这是一笔巨款。

由于 Brian 有丰富的运营经验，我们决定由他来组织和运作这次比赛。Brian 开始也不赞同搞这个比赛，他也认为产品还需要一段时间才能完善，而且他对这样“运动式”拉流量的做法很反感，认为没有意义，抓不住核心用户。但最终他还是被说服，放下手头的开发工作，开始专心做运营方案。

Brian 是个慢热型选手，自加入以来一点点崭露头角，显现他的才华。我一开始傲慢地认为 Brian 是吸引 Jason 加盟的一个“添头”，并未觉得开发有可以仰仗他的地方，再加上他个人兴趣在运营上，所以就把他抛给了 Kent 的运营团队去做用户。当时途客圈的服务器还在使用 AWS，我虽然知道不妥，但实在不愿意走 ICP 备案那一套，本来让 Kent 负责去做备案的事情，Brian 加盟之后，就把这事主动揽了过去。他和 Tao 两人，一个走流程，一个做部署，最终把我们的一切面向用户的服务都切换回本地机房里我们自购的服务器上，算是移除了一直悬在途客圈头顶上的达摩克利斯之剑。

之后在网站改版的过程中前端吃紧，当时 Wangxiao 还没有形成强大的战斗力（除了技术能力外，时不时需要回学校也是种影响），前端就靠他一个人忙不过来。我那时充当一个万金油的角色，反正开发就这么些人手，哪里缺口大，搞不定，我就做哪块。记得 Brian 有一次看了我交付的页面（尤其是 CSS），沉默了一会儿，说还是我来做吧。就这样，他又开始兼职做页面。也就在这段时间，我渐渐认识到了他的能力，收回了对他的偏见，和他有了越来越多的沟通，也开始发自内心地将其视作一个核心员工。当时他兼着运营的活，维护着途客圈的 QQ 群，还能高效地把 UI 做出来的视觉稿 / 交互图转换成 HTML+CSS，着实不易。甚至有些交互效果的 JavaScript，他都撰写好了相应的代码（这本不是他的长处），这就大大减轻了我的压力，使我能集中更多的精力放在后端。

Brian 是那种当他认可你，和你混熟了之后才会有很多话的人。我们聊了很多他之前做游戏社区的经历，尤其是从零做到二十多万用户的经历。最让我感动的是，在最艰苦的日子里，他自己学会做饭，就为了每天省点外卖费，这样可以最大程度地省钱。同时他吃住都在公司，省下很多时间成本。真正沉下心来做产品的人往往会忘记了时间，忘记了午餐，乃至忘记了一切，完全沉浸在自己的事业中不能自拔——因为总是没个正点吃饭，饿到极点了随便做点东西糊弄一下，就这样，Brian 最终落下了个胃痛的病根。我被他的创业经历感动着，也自省着——像我们这样一上来就含着金钥匙创业（自筹了 50 万元）的人，对前路的凶险估计终是不足，不顾一切咬牙向前冲的态度也差人家一大截子。

很快 Brian 做出了一版方案，里面考虑了不少运营这样一个活动对产品上的需求。在 Istanbul[①] 这个 sprint 里，产品的一半精力就放在了运营功能上。这也是 Leo“倒霉”的地方——作为产品经理刚一加盟，就遇到了这样他并不能做主的产品需求。

也就在这时，Jinxin 被安排做一个完整的统计框架——之前途客圈的统计需求一直是零散的、不系统的，Brian 的运营方案对统计信息做了很多新的要求，正好这时正在实习的 Jinxin 展现了在后端开发的超强能力（尤其是学习能力），因此我干脆设计了一个全新的统计框架，将所有统计相关的需求纳入其中，由 Jinxin 开发。

作为一块到处可用的狗皮膏药，我负责配合 Brian 做页面。大赛的宣传页面、评委页面、即时排名、旅行计划投票功能都属于没有太多技术含量的事情，Brian 将视觉稿变成代码，我再把代码变成 Djang 模板整合进途客圈的系统，仅此而已。

当然也不是所有的事情都没有技术含量，如关键词过滤和反作弊就相当有技术含量。

关键词过滤并非旅行计划大赛催生的需求，但大赛带来的人气激发了这一需求。有人的地方就有江湖，有江湖的地方就要考虑控制恶意的传播，否则某天你可能突然陷入万劫不复之地。如果 mmseg 和 Redis 的作者知道我们花了很大的精力，设计了一套相对复杂的算法来使用他们的产品，却仅仅为了做关键词过滤，不知道他们做何感想。

反作弊是旅行计划催生的需求。我们需要设置很多门槛防止刷票。这事分成

① 途客圈使用 Scrum 实践把开发活动切成一个个 sprint。Istanbul 是 sprint 的名字——它大概是途客圈第二十多个 sprint。最初我们用数字表示 sprint 名，后来改成用城市来命名，从字母 B 开始，历经 Bermuda、Cario、Dalian、Edingburgh、Florence、Glasgow、Hawaii、Istanbul、Jersey、Kiruna、Istanbul 等。

几步去做。

（1）投票的用户必须是社交网络登入的，如微博、腾讯微博、人人、豆瓣等。这样提高了恶意注册的门槛——起码刷票的用户需要先在这些网站上注册再登入途客圈。

（2）每个用户只能对参赛的旅行计划投一票。用户可以取消投票，但不能重复投票。

（3）同一IP下接入的多个用户的投票视作一票。

（4）如果一个旅行计划的投票者30% ~ 50%都是在旅行计划大赛后注册且注册后除了投票没有任何动作，则视为刷票。刷票的部分不计入投票。

通过这些手段（第3点和第4点并未向外公布），我们大大提高了刷票的门槛。

活动开始前夕，Leanne设计了一系列用于线下推广的东西，有途客圈T恤衫、易拉宝，还有旅行计划大赛的海报和宣传单。Kent计划印上千份海报和宣传单，找个公司在北京十多所高校张贴和发放。Brian认为这样做用处不大，钱可以花在更有意义的地方，但Kent没听，还是这么做了。

贴出去数天，没有一个访问来自于海报和宣传单，更别说用户注册或者App下载了（海报上的二维码包含特定的URL）。这时我们才意识到Brian的先见之明。好几千元钱就这么打了水漂，其他人可以不在乎，我却较了真——我非常想弄明白，这公司究竟是干了活，但没人感兴趣，还是他们拿了钱根本没干活。

散传单这种事可以预见没太大意义，现在行人对这样的行为唯恐避之不及，不做也罢；但海报总该有点效果吧。于是有天中午饭后，我抱起了一叠旅行计划大赛的海报，在Tao的指引下，实习生Yuting的掩护下，到邻近的北大干起了贴小广告的活。

Tao对北大可以贴小广告的每个角落都很熟悉，看来上学的时候没少干过这事。我第一次干这种事，兴奋中带着淡淡的担忧——我可不希望随时出现的北大保安拿着警棍追着我们跑。然而有Yuting在，两男一女，至少我们看上去不像乱贴广告、扰乱公共治安的“惯犯”，我就安心多了。

我们大概贴了五六处，十多张海报，在咖啡馆、电影院附近的宣传栏，学生宿舍和食堂附近人流密集的地方。有些事情放下身段一做就发现问题了：无论是设计稿，还是实物拿在手上看的时候，海报本身似乎没什么问题，但贴出来一对比，就发现这是个设计上相当失败的海报。

（1）字太小，颜色太浅，对比度不明显。

（2）三米开外基本上就不知道这海报的用意。

（3）重点不突出，文字太多，不够简练。

我把我的发现分享给了团队。当晚到了饭点，我又去北大转了转，想了解海报的阅读情况。在各个贴了海报的地方，我都驻足 5 ~ 10 分钟，看看究竟会有多少人看。咖啡厅的海报由于位置不错，有那么五六个人凑过去仔细读了读；剩下的几个地方总共也就是寥寥几个人阅读，多数人都是匆匆走过略扫一眼。我在给团队的邮件里总结道：

……

结论是：

（1）流动流量大的地方，如十字路口效果不好。

（2）咖啡厅这种室内张贴效果远好于室外，但效果也很一般。

（3）学生最可能看的地方是我们比较难触及的宿舍楼内。所以即使要贴，也找学生去贴，外包公司选择贴海报的地点对宣传所起的作用不大。

总体而言，海报效果很差。当然我们可以多试几个学校后再总结。

……

两天后的周一中午，我再度来到北大，发现所有的海报无一例外要么被撕了，要么被其他海报给盖住了。所以，海报的存活率不超过三天。

Tao、Yuting 和我在北大贴下的海报仅仅给我们带来了个位数的访问，从这个意义上说，我们验证了 Brian 之前的推断。我们花了不少钱而一事无成，这是个巨大的教训——比这更可怕的是，犯了错还不知道错在哪里。

海报事件只是个小小的插曲。在 Brian 和运营团队非同寻常的努力下，我们的用户量、旅行计划数、日活跃度超水平增长。Brian 和 Jason 每天本来就走得很晚，那段时间，Brian 尤其如此，很多时候，我走了，他还在那里勤奋工作。

希望获得好名次的参赛者正如设想的那样，成了为我们发展用户的桥梁。他们做出了很多让人“惊叹”的旅行计划——但可行性究竟如何，无从考证，尤其是第一名那个用好几十天环游世界的旅行计划。前半程参赛的旅行计划得票基本上旗鼓相当，后来就渐渐拉开距离。有个别排名靠前的旅行计划作弊被发现，作弊的票数被扣除，其作者气急败坏地通过私信或者 QQ 质询，都被 Brian 拿着统计数据呛了回去。随着比赛临近后半段，新的参赛计划越来越少，因为大家越来越意识到前面的十几二十个计划领先优势太大，自己基本不可能获得什么。后半个月的比赛成了拉票大战——各种像一次性筷子一样的用户被拉了进来。

一个月的旅行计划大赛，我们平均每天有 1000 多的新用户注册，总共累计了 3 万多用户——这个数字其实上不得台面，和后来我们大放异彩的“途客指南”App 超过百万的装机量相比，简直不值一提。但我知道，Brian 尽了最大的努力。

当整个比赛最终结束后，我们做了一次复盘。Brian 再次跳将出来说“这个推广除了做了些一次性的流量和用户量以外，再无其他意义”，Alex 有些急了，说了些过激的话，Brian 也毫不退让，两人针尖对麦芒，争执起来。我们赶紧把他们二位叫停。但大家都心知肚明，Brian 是对的。一个多月来，途客圈就像一部被台风卷起的小车，越飞越高，越飞越远。可当风一下子停了之后，整部小车就像自由落体一样，直直地坠入地面。整整一个月，我们生活在梦境中，梦醒后可悲地发现，网站的各种核心指标又回到了原点。一个多月，花费三十多万（包括团队工资），我们得到了众多基本上再也不会回访的一次性用户和团队无尽的迷茫。

破局的尝试

之前说途客圈旅行助手 App 败在了不够聚焦，途客圈网站又何尝不是？旅行计划工具，围绕着目的地而做的社区，围绕着旅行后服务所做的游记相关的功能，每个都似乎差了那么一截。我也不知道在这种状况下，我们还能怎么突破，能减去什么功能？怎么减？ Leo 到来后围绕着社交点评等做的一系列事情也似乎没有突破的方向。我们从 booking.com 拿到的佣金少得可怜，收入可以忽略不计，开销却不少。尽管我们在人员工资上比较抠门，但团队过度的膨胀还是让我们每月都有近三十万的开销。在这种攻不利守不成的状况下，我感到烦恼重重——如果还做自助游的市场，完全不考虑途客圈现有的产品，纯从做收入的角度考虑，可以有什么方向？我把我的想法和 iduu 一起探讨，很快他给了我一个答案：guidehop.com。

GuideHop 是个一对一的自助游导游服务，基于这样一个理念：那些当地的达人有着对本地最深刻的认识，如果某些服务由当地人来提供，则能为游客提供最纯粹最深度的体验。Couchsurfing/Airbnb 其实都在试图提供此类体验，但类似 GuideHop 这样的网站将这种思想单独抽象出来做成一个 P2P 的服务，让本地人可以创建自己的收费活动，而游客可以去购买这种活动。例如，带你去北京最有格调的酒吧，看最棒的调酒师用眼花缭乱的手法调一杯最顶尖的鸡尾酒。

我很喜欢这个想法，尤其是它非常符合我们“连接旅行者和当地人”的愿景。当然，这个商业模式有很多需要详细考虑的问题，比如说活动提供者的认证，日历的有效性，如何撬动两边的用户，让网络效应滚起来等。不要小看日历，活动提供者声明某某日子是可用的在实际操作中并不代表就真正可用——这在我自己尝试 Airbnb 时发现的问题。当一个人并不以此为生，仅仅是个人收入手段的小小补充时，日历往往是毫不准确的，所以这里要付出很大的沟通成本。一旦这沟通成本超过了一定程度，活动本身的价值就大打折扣。有次我去香港，在 Airbnb 上联系了很多房主——他们的日历都显示可用，但回给我的信息是千篇一律的“I'm sorry”。更要命的是，即便是 Airbnb 使用短信试图控制回复的延时，大部分的回复还是有两三天的延迟。有些房主更过分，房子上标注的是可以直接预定，直接扣款，即时生效，但过两天又把我的订单给取消，钱退回来，还是“I'm so so so sorry”。这样的情况会大大削弱 P2P 服务的体验。GuideHop 当时已经存在一年，不知道是否因为这样的原因，看上去其网络效应还远未形成。

不管怎样，做了好久的效果不大的延续性创新（不断对途客圈现有结构修补），我有很强的意愿做点什么新东西，换换脑子。正巧离“五一”三天小长假（2012 年）没几天了，我就和 iduu 商量，要不我们一起做个类似的东西。他来定义和设计产品，我来实现。由于没有充足的时间来完成整个产品，我们定义了一个 MVP——我们只做创建活动 / 浏览活动 / 预定活动的主干流程。产品的 UI 不做任何修饰，iduu 只出手绘的交互图，可用就好。

那时候 Twitter Bootstrap 已经非常成熟，大概是 2.1 版，font-awesome、bower 等一系列工具也都出现。技术上，我在反思和弥补途客圈网站犯下的一些错误，同时采用一些新的思想。

（1）数据库换回 MySQL——MongoDB 带来的 Django admin 不可用的问题让我们花了不少时间去实现 admin，不值得。而 MongoDB 的性能优势，都被我们使用的 ODM MongoEngine 消耗殆尽。当然，MongoDB 还是有很多好处的，如 schemaless、sharding 等，如果重头来做，和 Django 配合得更好的 MySQL 应该是首选。如果非要用 MongoDB，那就放弃 MongoEngine 这一层，直接使用 Pymongo。

（2）使用 MySQL 后，很多 Django 的插件都可用了（或者说可用性大大提高了）：django-debug-toolbar、django-extensions、django-guardian、djangorestframework 等。

（3）使用 signal 做 SoC，降低代码耦合。

（4）使用自定义的 model field、manager、queryset 来提高抽象度，提高代码重用。

（5）引入有限状态机（Finite State Machine，FSM）管理活动的状态（想想整个活动从可用，到预定，到付款，再到完成等一系列的状态和各种激发状态迁移的时间）。

（6）前端栈整个切换到 Bootstrap，用 bower 管理前端的资源。

那三天 iduu 和我就泡在 Beta 咖啡。我们基本把创建活动到预定的流程做完了，过了手瘾。当然，这几天除了实现，我们也一再讨论这个产品的各种使用场景和什么样的活动会让用户愿意购买。没想到太好的点子，我们又把范围缩小到周边游，这样起码可以和已经基本验证通过的绿野以及豆瓣同城竞争同一个市场。这个市场究竟如何，该怎么发展，我们心里没谱，所以打算日后有空亲自体验，来发掘其中的机会。“五一”假期结束后，我们又回到工作岗位，这个项目就有一搭没一搭地演进着，直到旅行计划大赛抽去了我全部精力。

这个项目虽然没有继续下去，但它在技术上的探索和演进为我们之后的 Cayman 项目打下了坚实的基础。

旅行计划大赛结束后，我们的用户量纸面上逼近 10 万。在李开复的微博的推荐下，以及创新工场其他团队的帮助下，旅行助手 App 上线一个来月后获得了还算不错的下载量，但名人效应时效性非常明显，这款过于复杂且不够精致的 App 在推广期结束，李开复的微博红利散尽后便上演了高台跳水。Alex 依旧祭出了办活动推广的大招，可刚办完旅行计划大赛的 Brian 此时精疲力尽，心灰意懒，只想把精力放在网站前端上，解决大赛暴露出来的问题，所以不愿做 App 的推广活动。就这样，Alex 放弃了这一想法。

有天创新工场举办讲座，汪华谈了谈 Facebook 时代如何通过口口相传做用户，他讲了他自己写了个 Facebook App，一个没太大意义但在传播上讨巧的应用，没有做任何推广，一个月获得了 5 万用户的经历。我听得如痴如醉，回来后就在琢磨如何写个微博应用，来尝试这种口口相传。

当时微博应用已经在走下坡路，微博本身虽然如日中天，但也在复杂中一步步埋葬自己。微信羽翼未满，其他社交网络都无法构成对微博的冲击，所以做个微博应用依旧是试验的最佳选择。

我打算依旧在旅行方向做这个微博应用。由于要试验的是传播性，我需要找到一个合适的点——足够简单，同时又能激发大家在微博上扩散。

于是，“晒晒我的旅行梦想”应运而生。它使用瀑布流的方式展示用户发布的最新的旅行梦想。一个旅行梦想由一段文字和一张图片组成，和发微博很类似。只不过创建者需要提供这旅行梦想和哪个目的地关联（为了下一步能做一些有意思的事情，比如说地图墙、共同梦想等）。当一个旅行梦想创建完成后，系统会自动代表这个用户发一条微博，同时 @ 他比较活跃的 4 个好友（两个同性两个异性的相互关注的好友）。

“代表用户发微博”完全为了传播性。你也许会觉得这样的方式比较流氓，但它是微博应用的标配，我尝试很多微博应用，自己的微博都会被莫名其妙地发好多条更新——这就是当时的风气。“晒晒我的旅行梦想”起码让用户明确他哪个动作会导致发送微博。

“@ 他比较活跃的四个好友”这样的动作是用户不能控制的，起初纯粹是为了好玩，当然也强制传播的效果。 微博上相互关注的好友一般都认识，起码混个脸熟，但关系一多后，大家就不自觉相互疏远甚至淡忘。突然间 @ 了（被 @ 了）一下，心里总会有点淡淡的喜悦——尤其是异性间。

这个功能争议很大，很多用户用了一次后就强烈要求把它变成可控，也有些用户借着这个机会和久未联系的好友又联系上了。

“晒晒我的旅行梦想”基本是一个周末的活。为了快速上线，检测用户反应，我直接将其做进了途客圈的网站，作为一个 Django 的 App 存在。这样能直接使用我们的景点数据库，方便为用户提供友好的地点输入提示。开发起来不太费力。

正式上线后，我让团队帮着每个人先都发一条旅行梦想作为原始数据。渐渐地，被 @ 到的人和看到微博的人开始发布他们的旅行梦想，这个雪球开始越滚越大。基本上没有任何推广，一周后用户量突破了一千人。后来一个公关公司通过这个微博应用联系到我，想达成合作。他们正在做一个“带着爱，去旅行”的市场活动，发现这个微博应用正合他们的胃口。他们希望使用“晒晒我的旅行梦想”作为他们活动的线上发布平台；同时他们能够在各种线下的场合帮助扩散途客圈的品牌和网站。我们一拍即合。

本来要做的传播的试验就此终止，由于考虑到合作给途客圈带来的益处，和团队商量后我对这个应用做了很多适于做活动和评选的功能，就此破坏了它的单纯和好玩——比如说不自动 @ 好友了，改为手工 @。

类似 GuideHop 的 P2P 项目以及“晒晒我的旅行梦想”这两个应用都是我在闲暇中对破局的尝试——这时我其实对途客圈当下的产品线产生了怀疑，而接下来发生的一系列事件更是让我在怀疑的路上越走越远，最终亲手推翻了我们用以跟 VC 讲故事和融资的整条产品线。

矛盾爆发

我们的矛盾终于在有次极客公园的活动后爆发了。有一天上班的时候 Alex 和 Kent 带着四五个员工去参加一个极客公园的移动创新大会，团队人员一下减少了不少。后来我们在内部讨论的时候我质疑说这样一个大会，你们俩去一个就好了，再加上 Tuotuo（她当时已经正式转做 App 运营专员），两个人足够了，六七个人去有何意义？

还有就是对工作的投入。这事我不知道说了多少回，我希望在没有特殊原因的情况下，他们能够花更多的时间待在公司里，投入在工作中。我相信大家回去之后脑袋里装的还是途客圈，但晚上回去在家工作员工是看不到的。Kent 因为小孩的缘故，还可以理解，但 Alex 呢？

这些其实都是很鸡毛蒜皮的小事。公司发展顺畅，一帆风顺，我可能也不会这么火大，但公司现在明显处在一个瓶颈，本来是创始人齐心协力，一同做出表率，让大家看到我们在坚持，我们在产品上的不懈努力。可是我却一次次地失望。有天开会 Alex 跟大家讲积极性和危机感，一下子触动了我的神经，我发了一封措辞非常不客气的邮件，于是有了下面的对话内容：

> 我：我不得不说，最近大家的工作热情和积极性都不高，每天坚持到 8 点后的除了我，反倒是 Yinshu 这样一个实习生。这是件挺讽刺的事情。我不是说工作时间长就一定是好事，无所事事地耗在办公室也没有任何意义。但是当创始人一天 10 点多开始工作，6 点多结束工作时（至

少从员工观察到的情况看），跟员工谈积极性和危机感本身就是一件很可笑的事。

Alex：不用说什么可笑的事情，我一般都是工作到晚上8点之后的，这周因为有以前的国外客户过来，有两天我早走了而已。

我：也不必解释，这是我们三人起码的功课，有则改之，无则加勉。我只是想说，人们只会去看你怎么做，不会去听你怎么说。你要觉得我说的不对，我也无话可说。现在团队的氛围很微妙，大家平时（不是复盘）敢于像Brian那样说真心话的越来越少，甚至愿意说话的都越来越少，我们要花些时间和精力去多观察，多跟大家交交心。旅行计划大赛之后的流量和用户走势对大家来说是一个比较大的打击，我想大家都会有个疑问，忙活了一个月的价值在哪儿？

Alex：好的，同意你的说法。至于旅行计划大赛，就大赛本身，是达到我们预期目标的。但之后的走势，是可以预见的。计划大赛一个月，产品没有任何的改变，计划大赛吸引过来的用户也当然留不下来。但这个活动本身有问题吗？没有，至少说明可以通过活动的方式，吸引用户过来，至于是否能够沉淀，转化成为活跃用户，需要产品本身的提升。我们开发人员不断有退出的，而且开发进度一直推迟，有经验的人员招聘也迟迟不见进展，这些问题如何解决？

话说到这份儿上，我觉得我已经无言以对。

是的，开发人员（Nanfang、Tao）的离职我的责任最大，开发进度的确落后于计划，这是不争的事实。产品还有一堆的问题需要解决，但我们还在往上堆砌更多的功能，大家都已经疲于奔命了。

说句心里话，Alex是个非常不错的合伙人，途客圈存活下来并得到长足的发展要归功于他。在寻求投资方面，他做得相当不错——我们在A轮上一直没有机会，是产品的问题，不是他的问题。他是个很好的销售，能够把一件事包装得很好卖出去，但天使投资之后，他的这一才能就被埋没了。途客圈一个很大的问题是他跟Kent两人的职能都和他们的能力不够匹配——换言之，他们被放在了他们并不擅长的地方。不仅如此，他们两人的职责也一直不够清晰，我也好多次要求Alex为他们俩定义好各自的职责，不要总是共同去做一件事情，把角色界定清楚。否则，总是出现两人一起跟进某件事情，参加某个活动，跟某某会面等这样完全可以一个人独立完成的事情。当角色不清，职责不明的时候，人就只会丧失动力。

正当我们还在为这样的“小事”掰扯时，一封邮件一下子把我给打懵了。这是一个工程师写给我的邮件。

> 除了方向和产品，我觉得更主要的是团队，即人。我实在不知道面对着二流的设计交互，怎么做出一流的产品？我昨天没去复盘就是因为之前的复盘也好，其他的会也罢，只要不是没带脑子的，或者从来不去考虑公司状况的，都是遮遮掩掩，说个7成，留下3成。这也正常，大家向来以和为贵，我绝不能开着会当场质问这些设计都是什么水平，去质问CEO一天下来真正能有4个小时在干活吗。就现在，我就想知道一个移动互联网创新大会需要一个公司去6个人吗？都没工作要做吗？下午是算是上班还是请假，我真心想问。但我真问了的话，在公司就得自己玩自己的了，老板都不管。从前天开始，我就在犹豫要不要发这么封邮件给你。话还是要说，即便是冒天下之大不韪。
>
> 最近一直都在考虑公司现况和团队的问题。坦言这不是我梦想的团队，我们现在22个人，臃肿且团队内部间已有间隙。其实一个15人以下的小团队完全能胜任现在的工作。开发6个人，设计2人，产品1人，运营推广2～3人，编辑2～3人。不需要每个人都是精英，但是真得能拼、能打，为了赶进度，这些人可以一周都在公司睡。所有的人凝成一股绳，没有猜疑，沟通没有障碍，能接受别人的建议，承认自己的不足。看看现在途客圈一天工作能到8小时的人有多少？要想8小时，早上得9点半开始工作，下午1点开始到7点下班。在这过去一周里，晚上9点以后，途客圈没有一个人在工作，再看看别的团队。我不是强调工作时间长有多好，但是这个在这个团队工作真的很轻松。百度、腾讯应该比我们累。我们能力又不比别人强多少，效率也不是人家的2～3倍，这场仗怎么赢？靠方向？凭运气？
>
> 我们现在应该还有不少钱，但是花起来会很快。现在大约每月固定支出得有17万元左右吧。假使我们留出100万元来，用来做产品的推广或者公司的转型。那剩下的还能再坚持10个月吗？及早地搬出创新工场找个便宜的地方，摘掉光环，扎扎实实像草根那样拼下去。

最后问个问题吧，不需要回答。假若今天途客圈倒下了，Tyr，你还有250万元扎进旅游创业里来。你会从途客圈里找哪些人和你一起创业呢？会不会是技术团队来引领项目更高效些？

这是我的复盘，也只能在邮件里说。你要带起团队，阿里巴巴有马云，360有周鸿祎，途客圈需要Tyr来带团队。

你是整个公司的创始人，如果你的钱用完了，那你就不得不炒掉每个人。所以，假如你不炒掉不合格的员工，那你实际是在让其他人承担风险。所以，别想着鱼和熊掌兼得，因为不可能。

这是一封让我无言以对的邮件。我没有回，思考了许久许久才跟他聊了聊。跟着团队一起度过了这么多日子，遇到这个深刻的问题时我才发现，如果要再次创业，我来主导，我可能只会从这个团队里选6个人，也许勉强到7个人的样子，但这答案没有太大的实际意义。我立刻要做的是邮件里所说的三件事。

（1）重塑大家的信心和拼劲。

（2）开源节流——到了该好好考虑每个人的价值，进行精简人员的时候了；另外，搬出创新工场。搬出创新工场是因为当时我们已经超出了孵化期，要按照使用的工位按月缴服务费，费用不少。如果我们搬出去租个民居，会省下不少钱。

（3）该好好讨论一下几个创始人的分工协作了——也许我们该召开董事会，讨论重大议题了。但在这之前，我需要先跟投资人聊聊。

风云再起

7月的北京，骄阳似火，天气闷得让人发慌。我失眠的日子开始增多，整夜整夜脑子里都是下一步路该怎么走。玩过“梭哈”或者“德州扑克”的人都有这样的体验，在每轮发牌前，只要心里那点小小的希望还未落入渺茫，自己多半还会放手一搏。之前，途客圈的关于自助旅行的前中后的“故事”一直在展开的过程中，所以大家干劲十足，虽总有质疑，但更多的是对未来的期许。此刻，离我们基本完成整个“故事”已经过去了差不多两月，除去运营上发力导致的昙花一现般的用户暴涨，各种核心指标却低迷且平稳得让人绝望。

我把6月的复盘中大家反映的问题罗列了一下，发现对产品的信心缺失和对产品复杂后导致的核心功能不明确的迷茫已经渐渐深入骨髓，下面是复盘中问题比较集中的地方。

- 没有方向感。
- 上次复盘后，产品集中→分散。
- 工作效率，即时间的有效利用。
- 希望产品接地气。
- 对产品的定位以及发展方向不了解。
- 今天必须有一个答复：产品要做点，还是要做线。
- 考虑问题及决策是否长远。
- 网站/用户的爆发点在哪里？
- 网站的核心功能是什么？
- 产品的杀手锏在哪里？产品线太长！
- 产品是不是太复杂？任务太多？
- 计划工具及日程加紧。
- 对产品的走向没有信心。
- 产品的核心是什么？核心太散。
- 网站是不是该彻底重构了。
- 产品进度如何？

“重塑大家的信心和拼劲”说起来容易做起来难。我们三个创始人首先坐在一起好好聊了聊未来。我认为目前产品不够聚焦，产品线太长导致现有的产品再继续做下去胜算不大，要么把功能砍干净，只留行前规划相关的功能，要么就换个角度重新考虑产品。我当时认为行前的各种准备活动虽然是旅行者一个必不可少的痛点，但我们实现的方式，通过提供“旅行计划工具”做这件事是失败的。我更倾向废掉当前的产品，破而后立。Alex和Kent同意产品不够聚焦带来的问题，但他们并没有我那么悲观，觉得当前的产品线还有做下去的必要。在产品方向上，我们并未有一个明确的答案。大家商量了一下，觉得有必要组织一次团队建设，整个团队坐下来一起好好反思。团队建设最好花两天的时间，一天好好玩一玩，放松心情，让大家从旅行计划大赛后的疲惫中恢复出来；接下来一天好好吵一吵，找找产品的价值和方向。

让我忧心的还有之前那封邮件。那里面潜藏着一个暗示，让我一直以来在心头压着的问题再次浮出：Alex 究竟是不是一个适合的 CEO ？我们是不是该把他放在更合适的位置？

这个问题是无法给出明确答案的——每个人相关的都可以回答是或不是，并有一大堆理由做佐证。重要的不是问题的答案，而是问题本身。这也是途客圈从创立之初结构上出现的问题——如果你正在或者打算创业，请务必注意。

在途客圈创立之初，我是大股东，但我个人对产品以外的事情没有太多兴趣，也不擅长，所以我们很快就确定了 Alex 做 CEO，我做 CTO 的结构。这个结构的问题在之后公司的发展过程中渐渐暴露出来了。对于员工来说，公司有一个显性的一把手和一个隐性的一把手；对于创始人来说，公司的权力是分散的，遇到分歧没有一个好的消弭机制。当大股东和 CEO 分歧不大的时候，问题还能得到掩盖，但当二者产生比较大的分歧时，就难以为继，如果强行达成一致，很容易造成创始人之间的分裂。所以一个早期的创业公司最好大股东当 CEO。这样，在关键时刻，当创始人之间无法妥协的时候，CEO 能够最终一锤定音。

所以当这个问题浮出的时候，就如同 FreeBSD 的那个拿着三叉戟的小恶魔出现在我的脑海一样。钱老在《围城》里说过："打消已起的念头仿佛跟女人怀孕要打胎一样的难受。"我感到坐立不安。尽管我们之间的信任已经出现了一些裂痕，但毕竟还有多年的友谊在那里。如今我若发起一次"弹劾"的提案，是不是就真的"友尽"了？团队会不会出现大的动荡？

但最重要的一个问题是：这样做究竟是不是为了公司和团队好？

那段时间投资人对途客圈的状态也感到忧虑。在我和投资人私下里的一次谈话中，他们表达了对 Alex 紧迫感不强的担忧，尤其对他打算读北大在职 MBA 这件事，意见非常大。其实读 MBA 这事其实我们也一直不赞同，但 Alex 有这个心结，为了途客圈，他曾经放弃了攻读剑桥 MBA 的机会，所以，北大 MBA 某种程度上是他对自己的一种补偿。课程主要安排在周末，Alex 又保证不会影响工作，所以在这点上，我和 Kent 就暂且放下了。

不管怎么说，投资人当时的态度有利于我心中的提案。于是，我们又进行了几次私下的讨论。站在一个旁人的角度，你很难理解我当时的感受——那是一种对良心的拷问——它远不是一张坚毅的面孔和斩钉截铁的态度这样外在的表现所能涵盖的。站在大股东的位置上，只要投资人不反对，我就有能力这么做，但这么做究竟是对是错，是不是为了公司和团队好，说实话，我也处在左右摇摆中。尽管如此，我和投资人还是达成了一致：在必要的时候，我们召开董事会来讨论甚至执行这一决议。

7 月中下旬，我们按计划，去密云的桃源仙谷进行团队建设。

密云会议

密云的团队建设可谓是途客圈历史上的一次大的转折，其中有大半天的会议（以下称密云会议）直接决定了途客圈后半程的方向和发展。令人无比惊奇的是，这么关键的一次会议我们竟然没有留下任何官方记录。2012 年的三四月份，我的日记就已断断续续，支离破碎，到 7 月已经找不到可以供我回忆的文字。而在途客圈的邮件存档中，我也无法找到关于这两天详细的会议日志或者达成的任何决议。这是一个重大失误。没有记录就意味着没有原始的素材进行分析和反思。

整个密云会议，团队花了大半天时间讨论方向问题。后来争论的焦点基本在以下三点。

（1）当前的产品本身没有太大的问题，继续做现有的产品线，优化产品。Leo 倾向于这一点。

（2）将产品聚焦回行前准备，做一个新的产品。这是我希望的转型方向——回到途客圈一开始希望服务的人群，帮助他们更简单更省事地进行行前的计划，或者从一个更大的范畴说，行前的准备——这是途客圈的初心。之前的一些日子里我一直在回顾自己作为一个自助游玩家，每次出行做功课的全部过程，渐渐有了一个逐渐清晰的思路。出行前，对于陌生的地方，不可避免地要去众多旅游网站上搜寻资料，从去过的人的文字和图片中发掘一个个自己感兴趣的碎片，然后把这些碎片整理出来，就形成了自己的攻略。比内容，我们永远比不过那些已经沉淀了数年的旅行社区，我们的目标用户也非常信任和依赖这些社区。那么，为何不从整理上入手，制作有用的工具，方便用户把收集起来的碎片信息组织起来，形成一个有效的整体？

（3）做类似于 stay.com 的城市指南 App，走专业人员产生内容（Professional

Generated Content，PGC）之路。这是 Alex 希望的转型方向。当时他发现了 stay.com 的模式，就是把精良的内容按照城市包装成一个个独立的 App，让用户无需依赖网络，随时随地就能获得这个城市最值得去玩的景点及其信息，甚至是离线的地图。当时途客圈的编辑团队已经花了一年时间，专业人员产生出来大量优质的城市景点信息，Alex 希望有一个优秀的载体，将这些内容以最好的方式呈现给用户。

后来整个团队的选择是第二点，也就是我的方向。回过头来看，对我而言，这是一种阶段性的“胜利”；但对整个团队来说，这是一次失败的选择。原因有二。

首先说说选择过程不够理性。《乌合之众》一书中对于群体性癫狂是这么描述的：

> 群体表现出来的感情不管是好是坏，其突出的特点就是极为简单而夸张。在这方面，就像许多其他方面一样，群体中的个人类似于原始人，因为他不能作出细致的区分，他把事情视为一个整体，看不到它们的中间过渡状态。群体情绪的夸张也受到另一事实的强化，即不管什么感情，一旦它表现出来，通过暗示和传染过程而非常迅速传播，它所明确赞扬的目标就会力量大增。

由于我个人的“偏见”，加之在各种场合，或公开，或私下，都表达了对现有产品的绝望，结果这种心态蔓延到了团队中的大部分人。他们或多或少对现有的产品增长乏力心存不满，而我则“恰当”地引爆了这种不满。所以，第 1 点最终被团队一致抛弃，而在第 2 点和第 3 点之间做选择。从选择的动机上说，团队也许被我比较“煽动”性的发言，加之平时对我的信任（包括当时对 Alex 的不满）给“蛊惑”了，从而未能一起做出一个更理性的选择。

其次是没有严肃地考虑转型，尤其是从财务角度。当时我们已经有资金面上的忧虑，一直以来收入几乎为零，支出却稳步攀升，现金流一点点萎缩，所以唯有获得进一步投资才能继续发展下去。而做这样一个重大的决定，我们没有能详细地去核算成本，分析收益，并且仔细考虑凭借着这个产品最终能在什么时候以一种什么方式获得下一轮投资。

创业路上很多选择，回过头来我们能够评头品足，但在当时只能摸着石头过河。有位读者，也是途客圈的创业伙伴给我留言：

Tyr，很高兴你能把这个创业故事写出来，作为其中一个小小分子，每次读完你的更新我都感慨颇多。身在途客圈的时候，我想过最多的是"假如"。假如没有多次返工（无论内容还是网站设计），我们是不是可以走得更快一点；假如没有做旅行计划大赛，而是把人力及钱用到真正该用的地方，我们是不是能走得更远一点；假如当初多点付出少点偷懒，事情是不是可以发展得更顺利一点……但是这些假如，在我真正离开途客圈之后反而渐渐消失了。通过你的文章，我更清楚地看到了之前存在的各种问题，但即便事情已经过去，现在我也不能想出没有这些假如我们会走一条怎样明晰的路。知道了错在哪里，却还是没想出如果重走一遍该如何走对，这是我的困惑。

我回答他：

我也曾想过各种假如，但假如是不存在的。换种走法也许换种死法，也许走出一条生路。创业就是这样，没法纸上谈兵，唯有亲身经历。

Randy Pausch 教授对此有更独到的见解，他说：

经验是你没有得到你想要的东西时得到的东西。[①]

密云会议最终确定了途客圈未来发展的方向——重新聚焦回旅行前的服务，而我，获准全权负责整个团队的转型。此外，我们还定下了"开源节流"的方案，由 Alex 和 Kent 负责开源——通过旅行计划定制服务、销售欧铁通票等来获取收入；由我来负责节流——拟订一份要要裁撤的团队的名单，着手裁员，来降低每月的支出。

裁人风波

回到北京后，我立刻着手裁人事宜。当时途客圈加上实习生在内还有 20 多人，一个月的开销近 30 万元。由于此时我们已经超出了加速计划的免费孵化期，所以每个人还要支付工位费，也是一笔不小的支出，于是我便先从实习生下手。

正巧那时有几个实习生要么实习期邻近结束，要么已经有了下一站，我们就

① Experience is what you get when you didn't get what you wanted.

没和他们延长实习。既然要做新产品，那么专职的 QA 在可预见的两三个月也不需要，所以又可省下一两个人。剩下的实习生是 Jinxin 和 Xintao，我希望能留下他们俩。Jinxin 后端能力很强，是个可用之才；Xintao 需要留下做“欧洲铁路时刻表”这样一款小 App。跟两人谈过之后，不巧 Jinxin 实习期结束后还有其他安排，就只留下了 Xintao。

相对于实习生，正式员工要棘手很多。就开发团队而言，我们当时有 3 个设计师，配置过于豪华，单做新产品的话，iduu 一个人足矣，所以我打算裁 2 人；工程师包括我和 Brian 在内 5 人，足够精干，而编辑运营团队包括 Alex 和 Kent 共有 9 人，我觉得留下 5 ~ 6 人足矣，这样整个团队保留大概 11 ~ 12 人的规模。前文中我曾经提过：*在创业初期，只有在你自己因人手短缺而深感痛苦的时候再考虑扩充人手，否则人员膨胀会很厉害。另外，要招有潜质的多面手*。现在，战略转型、过度招聘潜藏的痛苦正在显露。

我把运营团队的 7 人列在纸上，从最想留下来的人开始一个个打勾，越打手越颤。最后，我得出了一份包括两名设计师、3 名运营在内的裁员名单。创业的征程中大家情同手足，裁人就像壮士断腕，悲壮而哀伤。名单上的每个人，其实都很优秀，工作也算尽心尽责，放在其他地方都能闪光（事实也证明了这一点），但事情到了这个节骨眼，总得鸡蛋里挑骨头。我把名单给 Alex 和 Kent 过目，他们认为下手太狠，动静太大。我们私下里又咨询了创新工场的 HR Xiaoli，她也认为这样不妥，最好循序渐进，而且一定要做好安抚工作，不要因小失大，闹出公关危机。在 Xiaoli 的提醒下，我还仔细研读了《新劳动法》里与裁员相关的法律条款，以免在法理上出岔子。其实，以我对团队的了解，公关危机是不太可能发生的，大家早已亲如一家人；但法律不可不读，该做好的工作必须做。

新劳动法第四十一条规定：

> 有下列情形之一，需要裁减人员二十人以上或者裁减不足二十人但占企业职工总数百分之十以上的，用人单位提前三十日向工会或者全体职工说明情况，听取工会或者职工的意见后，裁减人员方案经向劳动行政部门报告，可以裁减人员。

对于团队规模很小的创业团队，随便裁点人便会超出 10%，按照法律，就得向劳动行政部门报告。这事说大不大，说小不小，汇报吧，似乎是多此一举；不汇报吧，又违反《劳动法》的规定。Xiaoli 给我们建议的变通的方式是，让员工自己主动提出离职，这样便规避了法律的风险。

最后，大家比较一致的方案是先裁掉 3 人（1 个设计师，2 个运营），留下 15 人的团队。Kent 认为算上搬出创新工场省下的开支，我们已经可以把每月的开支维持在 20 万元以内，大概 17 万～ 18 万元。我在很矛盾的心态中勉强同意了这一方案。

3 人中有两人是我力主招入的，因此我便承担了和她们谈话的任务。和一个女生聊的时候，刚一开口，她的眼泪就哗啦啦地流，两道不断加深的泪痕就像割着我心头的两把刀，左一刀，右一刀；另一个女生当时并未有异相，但第二天来公司的时候，披肩的长发变成了散乱粗俗的短发，一贯精致的脸庞也失去了往昔的光泽，吓坏了大家。Xuwei 很喜欢这小女孩儿，看到她这状态，把我叫去问明原委后臭训了一通（她虽然是我们的投资经理，但大家关系很好，所以相互间更像是朋友般口无遮拦）。我没有丝毫反驳，这通责骂让我感觉好受了许多。

就这样，3 个人陆续发了辞职信，做好了离职的准备。

剩下还有 Leo。此时离 Leo 加入途客圈还不足 3 个月，理论上说，还在试用期。我力主 Leo 离开，因为新的方向他并不认可，并且，他一直没能很好地融入团队。这对 Leo 来说很不公平，因为他加入途客圈时恰逢我们开始从云端一步步坠入地面，然后突然战略转型，重新专注于旅行前的准备。他并未获得足够多的时间去融入团队，也没有充分的空间展示自己。但这不是谈公平的时刻，我们需要快刀斩乱麻般地将裁员工作完成，然后把团队拧成一股绳，更集中地向一个方向前进。Leo 横亘在这条路上，所以必须牺牲。

但 Leo 和即将离开的 3 个人不同，他有更深的社会阅历和行业背景，所以我们都担心他离开后可能会有不利于途客圈的言论——毕竟，他被招进来时的情景还历历在目：美好的承诺，诱人的愿景，还有自豪而激情的欢迎邮件。这时 Leo 也感受到了团队经历的巨变，单独约我吃饭，我正有此意。这是我们第一次非常交心的谈话。我告诉他如果他感受到排挤，不怪别人，原因在我，一直推动裁掉他的也是我，希望他能理解这是为了团队下一步的发展好。他苦笑了以下说：“和你合作虽不愉快但也算坦诚。”我们一时默然。

之后，Leo 也提出了离职。

裁人是件很痛苦的事情。拉人家入伙的时候你描绘了一个无比美丽、五颜六色的泡泡，大家跟着你走了这么远，你又把这个泡泡无情地戳破。戳破后，你得心平气和地宣布你的决定，还得抚慰对方难以抑制的情绪。可没人能够抚慰你。那些天晚上回家的路上，我都会在车里放声大哭，化解压在胸膛上的巨大压力。

加上实习生，一下子走了近 10 个人，我们的办公区一下子变得冷冷清清。看着昔日队友空荡荡的工位，每个人心里都不好受，有那么几天，途客圈没了欢声笑语，每个人脸上的表情都僵硬而压抑。好在 7 月底将至，我们即将搬离创新工场，入驻立方庭一处大约 140 平方米的复式民居。

踽踽独行

搬离创新工场

和裁人同步进行的，是寻找新的办公场地。创新工场自从 5 月份搬到鼎好电子大厦后，办公场地大了，不再拥挤，周围的团队（包括我们）却也渐渐失去了在第三极的那股干劲儿，好多团队晚上七八点后基本就没人了，周末更是冷清。在创新工场的环境下待久了，大家就像温水中的青蛙，不痛不痒，对外界持续施加的刺激也麻木了。

在搬入鼎好一个月左右，我们的孵化期也正式结束了，继续使用创新工场的办公场地需要缴纳工位费，以我们团队的规模，价格不菲，不如在外面租个场地性价比高。当然，去外面有去外面的坏处，无法继续使用创新工场提供的很多投后服务，所以之前我们一直下不了离开的决心，这回调整方向，重塑产品，就干脆搬出去，拼上一拼——有舍才有得嘛。

因为考虑到还有一些创新工场的活动要参加，定期还要和投资人会见，我们把办公地点的选址范围缩小到能够步行到鼎好电子大厦的区域内。我们先后看了几家写字楼和民宅，最后圈定了苏州街的长远天地和微软旁边的立方庭。长远天地是写字楼，立方庭是商住两用的民宅，两者价格差不多，但风格迥异。对比之下，我们不喜欢长远天地的嘈杂，更喜欢立方庭的安静祥和，于是便租下了立方庭的一个复式公寓——这公寓楼下一个大屋，楼上一个大屋一个小屋，正好两个大屋用来作为办公场所，小屋当作会议室。Kent 从宜家订了些简单的桌椅和书柜，我们几个男生负责组装，一个下午就把工作环境搭好了。楼上比较私密，适合不受打扰地工作，所以分配给了开发团队；楼下则由运营团队占据。

接下来是网络。立方庭是光纤入户，网络很好，但楼上楼下的线路有些问题，颇费了些周折才调通。为了最大化大家的 Wi-Fi 接入速度，我索性楼上楼下各装了一个无线路由器，每台带二十多个终端（考虑到每人都有一台 PC，至少一部手机，还有 iPad 等移动设备）。由于开发所用 PC 使用的都是 Ubuntu，Wi-Fi 驱动不太稳定，我又从家里拿了两个小交换机，让开发可以有线上网。我们还有一台服务器，里面有大量的途客圈珍贵资料（如照片、共享文件），还运行着一些日常运作必不可少的服务，如 redmine，也顺利设置妥当，上线工作了。

一切 OK 后，我向鼎好的兄弟姐妹们发出了如下邮件：

立方庭农民工向鼎好人民问好！

```
checking internet connection.....OK
checking house cleanness.........OK
checking furniture status.........Not Ready
checking indoor smell..............Bad
checking air condition..............Not Good
checking light.........................OK

System reboot completed

# dev@lifangting >
```

2012 年的建军节，整个团队彻底搬离创新工场，入驻立方庭。在裁员风波中辞职的兄弟姐妹也回来捧场，一时唏嘘。好在他们已经从之前的阴影中走了出来，陆续找到了还算不错的工作（搜狗、聚美）或者新的人生方向。大家一同祝愿着途客圈，祝愿我们掀开了独立发展的新篇章！

项目代号：Cayman

Cayman 是我们新项目的项目代号，使用岛屿名命名。在这之前，途客圈的项目代号都是如此，而 Git 分支则以城市命名。我们的第一个产品，途客圈 1.0 的网站，项目代号是 Atlantis，而对应的手机 App 途客圈旅行助手，项目代号是 Britain。“五一”期间我和 iduu 做的那个实验性的类 GuideHop 的 P2P 网站，项目代号是 Cuba，而我们要做的新产品——途客圈 2.0，项目代号是 Cayman。作为一家做旅游的公司，还有什么能比一个个或熟悉或陌生的岛屿和城市更能激发开发者的热情？

旅行计划这件事做到后期，我渐渐认为我们把简单事情复杂化了。计划，或者说行前的攻略，是自助旅行者必备的功课，但是我们提供了错误的工具。旅行者也许需要一个能够帮他把搜罗出来的各式信息浓缩成一个每日行程的工具，但这不是关键。旅行途中某一天我要去 ABCDE，路线是 BCADE 好呢还是 BAECD 好呢，这很重要，但首先用户要知道自己想去 ABCDE。没有 ABCDE，而去构筑各种寻路和优化交通的算法，去想各种上下文下能够提供的服务，去生成旅行计划，都是空中楼阁。所以旅行者旅行前需要的第一个服务就是找寻 ABCDE。TripAdvisor、Wikitravel、穷游、马蜂窝等或专业人员产生内容，或用户产生内容，富含各种旅行贴士、经验、游记等内容的网站都是这第一步的好去处，途客圈能够提供的信息还远远不能与之媲美，所以，这第一步，途客圈做不了。

但是用户阅读了海量的资讯，需要有一个沉淀的过程，比如说有人看了 x、y 和 z 三个人的巴黎游记，部分喜欢 x 的玩法，部分喜欢 y 的，部分喜欢 z 的，最终博取众人之长，形成了自己的巴黎玩法。这就需要某种程度的记录和整理——用户或用 Word/Excel，或用 Evernote 等笔记软件东抄一段，西抄一段，于是乎三五天巴黎的行程，ABCDE 被圈定，一个基础的草稿便出来了。

Cayman 项目想在这个地方做文章——我们无法为你提供更好更全的内容，但是我们可以提供足够好的工具帮助你整理东一段西一段碎片化的旅行资讯。要这么做，首先自然要有一个浏览器工具来帮助用户只需选取感兴趣的文字，“摘抄”到途客圈。这样的技术当时已经比较成熟，通过 JavaScript Bookmarklet 就可以搞定，clipboard.com、Evernote Web Clipper、剪客等已经为其背书。当然，单单把这样的工具应用在一个个旅行社区意义不大，你能做的事情 Evernote 都能做，就剪辑这件事情来说，Evernote 更专业。

所以接下来我们需要有自己的杀手锏——自动整理。如果说用户“剪”下来的一段文字，系统能够自动为其分析出在描述什么地方（哪个城市，哪个地点），在干什么（吃住行游购）的信息，那就有用得多。

（1）东摘西抄的内容可以以地点或者做的事情组织起来，便于聚合。

（2）地点和经纬度是关联的，如此，可以把一篇篇剪下的文字以地图的维度组织起来。

想象一下，一个用户为了一次十四天的欧洲旅行，从各种旅行社区“摘抄”了几十段乃至上百段文字，途客圈帮其把这些文字按照两种维度的标签有效地组织在一起，他可以一目了然地看到所有和巴黎相关的内容，也可以对所有购物相关的内容有个总体把握——更重要的是，所有这些可以呈现在地图上，系统能够大致推荐出合适的路线。

这便是 Cayman 项目作为一个行前准备工具的价值。我们把途客圈的使用场景前移了很多，不再提显性的“计划”，而是着眼于隐性的“计划”——途客圈不该只在用户确定了 ABCDE，需要一个旅行计划的时候才介入，而是要在用户还迷茫地苦苦寻找心目中理想的 ABCDE 的时候就介入。

相对于途客圈之前的产品只要给定时间和人力便一定能做得出来差异，Cayman 是个技术上挑战很大的项目——我们需要做文本的语义分析，即从一段上下文可能已经丢失了的文字中找出其中心词并在之前所述的两个维度上自动打上标签。所以尽管我们想朝着这个方向前进，做不做得出来却是个问题。

文本语义分析本身是件很困难的事情，但把它放在旅游的上下文中，某种程度上降低了难度——我们有足够的地点数据及其关系图谱，通过 TF/IDF 提取的关键词，可以通过这些关系更准确地总结出一段文字想要描述地地点。比如说一段文字中我们分析出的所有地点里，布拉格出现的频次并不高，但“查理大桥”“跳舞的房子”等信息都间接加强了布拉格的频次，所以这段文字我们可以为其推荐“布拉格”作为地点的标签。

类似的思想其实还可以应用在很多场合。例如，Airbnb 以后可能面临的一个问题是连接英文并不那么好的中国旅行者和美国的房东，当中国的游客用中文发出订房的一些特殊要求或问题时，美国的房东可以看到对应的英文，然后他们用英文回复，而中国的游客看到的是中文回复，这样来来回回，最终达成交易。在这个过程中，机器翻译是一件困难的事情，你可以看看 Google 和 Bing 的自动翻译功能多么不靠谱，但特定上下文下的机器翻译可以很精准。旅行者要问的问题或者想提的需求无非和旅行相关，范围很窄，事先都可以准备好相应的语料，比如，有没有婴儿车，我一家三口挤一间房行不行，等等。通过对系统内部历史上的旅客和房东间的各种对话分析归类预翻译一下，这个服务也许不难做起来。

有时候做一个通用的服务，技术难度很大，非小规模创业公司能够搞定，但特定上下文的非通用服务，技术的门槛可能就降下来许多。

密云会议后，在 Cayman 项目还处在讨论阶段，途客圈已有的项目还需要一段时间渐渐淡出的时间窗口，我便安排了 Wangxiao 和 Chiyuan 两人来做 Cayman 的最小可行化产品（Minimal Viable Product，MVP），我得尽快确认这事情能不能做下去。

（1）Chiyuan 负责文本的语义分析，建立一套系统，尝试精确提取里面和旅行相关的关键词。

（2）Wangxiao 负责 Bookmarklet——快速制作一个适用于 Chrome 的“剪辑器”，和 Chiyuan 提供的系统联系起来，供大家试验。

这个项目初期的成就离不开 Chiyuan 的努力。虽然我们的数据库中已经有数十万地点名称可以用做词库，但对于用户潜在访问的海量内容，这些地名不太够用，而且我们需要知道这些地名在潜在的内容中的基础词频。于是他用 Scrapy 从国内某些知名旅游社区上爬了几乎能爬到的所有游记的文本内容，然后征用开发人员的 PC 的 CPU 资源，使用 Gearman 搭了一个分布式系统来并行训练一个分词系统，不断提高旅游类词汇的分词准确度。最终，从百万级的文档中，我们得到一个比较合适的词库（包括词频），作为算法的基石。

在他们两人的努力下，到 8 月上旬，我们已经有了一个验证了产品技术上可行的 MVP——一个能在 Chrome、Firefox 下使用的“剪辑器”，以及在用户使用剪辑器剪辑文字后，后台系统推荐出来的地点的标签。MVP 证明了项目基本可做，接下来，就是这个产品究竟做成什么样子。

在研究过 Clipboard、剪客、Evernote Web Clipper 等诸多产品后，我们决定把产品定义成“旅行笔记本”——旅行者自己制作的攻略。用户可以在里面放置任何和旅行相关的内容，系统会帮助用户对内容自动进行分类（人工也可干预），最终生成一个包含地图在内的可打印的 PDF 版本。于是，Cayman 项目便正式成为接下来 4 个月时间途客圈着力研发的项目。线上的网站和 App 还在继续运行，除非有严重影响使用的 bug，已经不再更新。

从技术的角度来看，Cayman 修正了 Atlantis 里我们犯下的一些错误，并做了很多架构上的优化。

（1）由于 Cayman 数据间的关系相对没那么复杂，我们舍弃了 MongoDB（NoSQL 数据库），回归 MySQL（关系型数据库管理系统）。Django 和 RDBMS 配合得更加完美，我们不再需要自己写 admin，或者处理各种 ORM 本身能够处理的事情了。

（2）充分利用了 Django 里的 manager、queryset、signal 等功能（这也跟回归 MySQL 有关），整套代码的 SoC 做得更好。

（3）前端的各种插件和框架使用了当时刚刚出现不久的浏览器做资产管理，版本管理没有那么混乱了（当然现在有 Brunch、Yeoman 等更强大的工具）。

（4）前端的 MVC 框架从 Backbone 转入 Ember（剪辑器考虑到加载速度，使用了非常非常轻量的 Spine.js）。Backbone 是个很不错的框架，但是要写大量的 Boilerplate 代码；而 Ember 对于数据绑定和响应支持得比较好，少写很多代码，所以我们换用了 Ember。但 Ember 的缺点是框架太大，约定优于配置的思维太强势，如果不是 RoR 的惯用者，写代码有时会非常抓狂。当时 Angular 也冒出来，可惜整个思维方式变化太大，不如 Ember 那样和 Backbone 算是一脉相承，所以没有尝试。

(5) 前端的代码使用 CoffeeScript 撰写（剪辑器除外），再使用 makefile 自动化编译成 JavaScript。CoffeeScript 学习几个小时就能上手，编译出来的 JavaScript 质量很高，可读性不错。此外，代码的数量得以大大减少。

(6) 整个系统彻底做成了面向服务的架构（SOA），Django 侧基本不提供模板，所有的数据都通过 Rest API 提供（基于 djangorestframework）。

还有一些小的修正，不提也罢。新项目的各种变化让开发人员非常兴奋，一扫之前的疲态，全身心地投入到开发当中。

在 Chiyuan 和 Wangxiao 预研的同时，其他人也没有闲下来。iduu 做出了“欧洲铁路时刻表”的效果图，Jason 跟 Xintao 在讨论这个 App 的效果图。运营的同事在做用户调研，我和 Brian、iduu 等人也在一起反反复复地做产品方案。

没过多久，“欧洲铁路时刻表”出炉了，成为途客圈转型后的第一个产品。

开辟收入

之前提到过，密云会议除了定下了转型的方向外，还强调接下来整个团队要开源节流。“节流”的事情已经做得差不多了——虽不算理想，人员已经得到了某种程度的精简，而我们也搬出创新工场，使用了更为经济的物业。而“开源”方面，Alex 和 Kent 做了两件事。

首先是旅行定制服务。Alex 负责这件事情。jinxin 结束实习，离开途客圈之前的最后一个贡献就是制作了旅行定制服务的功能——用户可以在途客圈现有的网站上，通过填写一些基本的信息，如旅行的目的、预算，想去哪里，几个人去等，来“预约”人工化的旅行定制服务。该定制服务为收费项目，用户可以为我们帮助定制的旅行计划单独付费，也可以根据我们提供的一揽子方案（机票、酒店、目的地交通等）全额付费，由编辑们人工完成整套预定服务，并提供旅行计划。

这服务对于干惯了“轻快”活的互联网公司来说，就如同家道中落的公子哥沦落到街边干起给人擦皮鞋的营生。这比喻可能糙了点，但大体上就是互联网俯视传统行业的感觉。像我们这样做互联网，一直飘在空中哭着喊着要“颠覆”传统行业，却没有撸起裤管，踩在泥沼里，踏踏实实感受一下传统行业的问题，注定要栽个跟头。汪华说有两种可持续发展的模式，一个是短期内能够以低成本获得大量用户；另一个是每用户的收益大于或等于其获取成本，这样，不管获取成本有多大，都可以持续下去。我们第一条路没趟过去，现在要趟第二条路。

旅行定制服务开始的势头不错，每天都有不少人咨询，头一个月还成交了好几单。

与旅行定制服务同时启动的，还有“欧洲火车时刻表”，这是由 Kent 挂帅的一个 App 产品。其思路很简单，当时市面上尽管有很多在线旅游网站在代理销售欧铁票，却没有一家提供中文的实时欧铁时刻表查询，用户要获得时刻信息，需要去官方的 eurail.com 查询，很不方便。于是 Kent 就希望能够制作一款很轻的欧铁时刻表 App，用户可以查询出发地和目的地间的实时列车时刻，方便安排出行。除了查询功能外，用户任何后续的订票动作都可以通过 800 电话或者电子邮件完成。这样，我们可以快速推出这款 App，日后发现订票需求比较大，可以再加入预定并支付的流程。

由于 Jason 当时还有途客圈旅行助手的一些维护工作，制作“欧洲铁路时刻表”App 的重担便交给了实习生 Xintao。而设计的任务则由 iduu 负责——无论从图标（icon）还是界面的精美度，iduu 设计的这款 App 都比途客圈旅行助手有了长足的进步。由于交互比较流畅，这款 App 自第一个版本使用起来就没有任何障碍。

Xintao 是个很优秀的 iOS 实习生。在 Jason 的指导下，他很快就上手了欧铁的 App 工作。由于 eurail.com 没有提供官方的 API（至少没有对外的），我们只好做个 hack，分析其网页版时刻表的调用参数和返回内容等信息，然后在后台用一个中间层来提供相应的 API。这里涉及当 App 端的请求到达中间层时，使用 Python 构建到 eurail.com 的请求，然后对于返回的内容，再使用 beautifulsoup 分析其的 HTML DOM，抓取我们想要的数据，将对应的城市（站点名）中文化，最终返回 JSON 给 App。当时我忙于 Cayman 项目的工作，将这个思路，以及使用到的各种库大致介绍给 Xintao，就由他去负责。结果，没有太多 Python 经验的他，却很快就将后台的 API 搞定了。

从项目构思起不到两个月的时间，“欧洲铁路时刻表”App 便正式上线。考虑到 App Store（应用商店）新应用正式审核至少要两周时间，Xintao 一人需要兼顾前后两端，上线前还要通过 Testflight（一款 App 测试软件）给整个团队不断推出各种试用版本，这开发速度不可谓不快。可惜他做完这个 App 后，就需要返回学校着手毕业论文事宜，无法在途客圈继续工作。

欧铁 App 上线后，没有做什么大的推广，三个月内下载量超过了一万。用户用其查询了近三万次时刻表，算上电话和邮件订购，实际发生了近 200 次订购咨询。这个 App 本身的成功之处在于，一个如此轻量，功能如此单一的 App，定位在一个非常小的市场（niche market），却产生了意想不到的收获，值得深思。

尽管欧铁 App 本身取得了不错的成绩，但对“开源”而言，并未有太多的贡献。旅行定制服务和欧铁票务两个“开源”的方案，仅仅执行了两三个月后便戛然而止。原因有多方面，因为我不是负责人，所以无法置评。以下是 Kent 后来的总结。

1. 旅行定制

业务起始日期：2012 年 8 月 2 日至 10 月 27 日。

总共收到的咨询单数：269，其中国内 71 单（主要地区四川、西藏、江南），国外 198 单（主要地区欧洲、东南亚、美国）。

成交单数：7 单。

通过做旅行定制，我们发现以下几个问题。

（1）旅行定制只能做熟人生意，我们成交的订单都是通过熟人关系达成的，陌生用户不放心把钱交给一个不太了解的旅游网站。

（2）用户旅行前最需要解决的问题是机票、酒店和签证。

（3）常规的行程安排对大多数人都已足够。

（4）行程安排中用户最担心的是当地交通问题，通常会问到很细，如从某个酒店怎么去码头。

对我们新产品有以下几个启发。

（1）旅行产品要跟第三方合作，业务操作不是我们团队当前的优势。

（2）机票、酒店、签证、租车、保险等基本的旅游产品对用户来说不是广告，而是需求。

（3）用户对目的地的实用建议需求非常强，且没有相对集中的地方可以获得这些建议。常规的行程安排很容易获得。

2. 欧铁 App

上线日期：2012 年 9 月 7 日。10 月 1 日更新过一个版本。

下载量昨天（12 月 13 日）刚刚突破 1 万。月活跃率 31.3%，其中每月打开 1 ~ 2 次的占 69%，使用时长 1 ~ 3 分钟的占 30.5%，3 ~ 10 分钟的占 18%。

截止到目前，已经帮用户查询 28 937 次时刻，通票被浏览过 13 743 人次，邮件订购 624 次（实际收到 71 封），电话订购 121 次（实际接到次数无法统计）。

总共成交 9 个预订。

对欧铁 App 的总结如下。

（1）设计简单，功能单一，用户体验好。

（2）满足用户实际的需求，目前同类产品几乎没有，是一个受用户欢迎的 App。

（3）需要有专业的人来处理用户的预订需求，解答用户问题。

（4）是一个有淡旺季的产品，每年 5 ~ 10 月是欧铁预订旺季。

欧铁 App 后续发展计划如下。

（1）继续版本迭代，以优化细节、提高用户体验为主，不增加新功能。

（2）需要寻找预订的合作伙伴，把预订外包。

和开发团队全力在做 Cayman 不同，“开源”的两个方案我们其实并未全力以赴，尤其是在市场推广上。8 月下旬，也就是在密云会议后达成转型方案的一个月后，Alex 就明确提出要做类似于 stay.com 的“香港城市 App”，也就是后来的“途客城市指南”系列 App 的前身。于是，刚刚消停下来，拧成一个方向往前冲的途客圈又陷入了“一家公司，两手折腾”的局面。

分歧再起

正当 Cayman 项目做得如火如荼，“开辟收入”的“第二战场”也在还在艰难开局时，Alex 又把 Kent 和我召集起来，重申了他希望做类似于 stay.com 的“城市指南”App 的想法。我立刻表示反对——当时我们的状态是，开发团队的资源做 Cayman 并维护已有的两个用于开辟收入的小产品已经捉襟见肘，无力再完成更多任务。Alex 对我的反应已成竹在胸，他说可以找外包做这件事，并且他一定要做这件事。

我对当时做“城市指南”产品的想法非常不赞成。

首先，它所处的位置是片红海，市场上的竞争者之多让你仿佛置身于炎炎夏日下的海水浴场。当时的市场格局里前有比较大的玩家如蚂蜂窝、穷游的城市攻略或锦囊类的产品，后有各类创业公司各式各样的同质产品。如果你在 App Store 里搜索一下“香港”或者“巴黎”，成堆成堆的同类产品扎堆在那里，我们的竞争优势在哪里？产品本身的小清新，还是内容上的独到性？

产品上的小清新很容易被模仿，内容上面我们的编辑虽然一对一的个人能力甩开其他旅游网站的编辑好几条街，但毕竟就那么些人手，而且这样的 App 的主体内容基本上是死的，一旦做完，内容再精致独特，也就基本定格，并且很难不被抄袭。

其次，它会让团队的精力再度分散在不同的方向，过去的教训还不够吗？纵使用外包去做，必然还会影响已有的工作的专注度，比如说“开辟收入”的事，以及 Cayman。做 App 又不是只做 App 那么简单的事情，必须要由后端出资源进行配合。

那几天，我们又开始为此事纠结掰扯了好几个来回。摆在我面前的又是艰难的选择：联合投资人将其拿下，或者妥协。此一时，彼一时，如果说在密云会议前我还很坚定地决定会在必要的时候行使第一个选择，现在则更倾向于妥协。当我们调整方向，收缩战线时，投资人并不太赞成，Alex 和 Kent 站在了我这边，帮我顶住了压力；而规模不小的裁员让团队元气大伤。如果此时我们再闹出不可调和的矛盾，团队可能真就散架了。

所以我选择了妥协。记得在会议上宣布了我们将会开发“香港城市指南”App后，一个开发私下里找到我，质问我为什么又开始分散精力，我只能苦笑着解释。他表达了对我的失望，觉得我这样关键的时刻却优柔寡断，瞻前顾后。我觉得这的确是当时的我的真实写照——有时候当一个人太想顾及方方面面的利益，便失了魄力。

创业过程中有很多很多不同的利益——创始人的利益、投资人的利益、创业团队的利益等。大家的利益并不一致，很多时候对未来的方向也会有分歧。创业本身是件摸着石头过河的事情，迈出去的不少步子都很难分清对错——对错在事后很好判断，局中则不然。当大家对步子达成一致，那再好不过；如果不一致，必须有一个人有最终决定权，所以我之前说“早期的创业公司CEO应该由大股东担任”。作为大股东，要勇于为自己的理想奋斗，要勇于为自己的决策（错误）买单。

虽然我非常不情愿地同意了“城市指南”App的开发计划，但从几个月后的表现来看，它还是创造了不少意外的惊喜。两个相互竞争资源的项目，Cayman最终在上线前胎死腹中，令人唏嘘。而“城市指南”系列App则获得了相当程度的成功，单从下载量来看。

产品代号：Ireland

城市指南项目的代号最终选定了Ireland。继Britain（途客圈旅行助手）和Greenland（欧铁时刻表）后，我们的App版图继续围绕着北大西洋的几个岛展开。

按照Alex对Ireland的定义：它是一个汇集了途客圈内容精华的城市指南系列App——每个城市选择最具代表性的四五十个景点，将其按照主题分类。

比如说巴黎有如下主题：

- ❑ 必游景点
- ❑ 漫步特色街区
- ❑ 塞纳河畔风光
- ❑ 拉丁区文艺地图

- ❑ 和谐的蒙马特
- ❑ 左岸咖啡
- ❑ 美食大搜罗
- ❑ 巴黎之夜
- ❑ 在巴黎血拼
- ❑ 近郊推荐

每个主题下有 5 ～ 15 个景点（旅行地）。每个景点里有几张代表性照片、一句话描述、详细介绍、地址（地图）、到达信息（公交地铁）、开放时间、联系方式、门票价格。

所有这些内容在 App 生成的时候，便内置于 App 之内。一些可能会动态更新的小贴士，则被收纳到折叠菜单中，作为网页显示出来。

对于 Ireland 的设计和开发，Alex 找来了 Mengshuang 和 Weiyin，这一对当时筹划开设自己工作室的“夫妻组合”成为 Ireland 成功的强力保证。

但 Ireland 的功能和内容，确实只有这些。

很难想象这样一个似乎并无太大新意的系列产品在正式上线半年多的时间内创造了百万下载量的成绩。后来我一直在思考其成功之处。Ireland 做得精致而用心？内容精良？还是别的什么原因？这样一款 App 的制胜之道究竟在哪？

产品质量（UI 和内容）算是我们明面上的“杀手锏”，这要归功于上述的“夫妻组合”，但这些是能够被复制的“杀手锏”，真正把我们和其他产品区分开的是两个重要的决策。

（1）最大化激励运营人员。每个运营人员的责任被明确到某一个（或几个）城市，从内容创作到运营推广，几乎全部工作都由该人负责。Ireland 里面的“关于”窗口的内容完全由运营自己掌控，可以嵌入自己个性的自我介绍——这是 Alex 的创举。

（2）快速上线。单个的 App 很难形成战斗力，城市指南系列的强大生命力就在于它的群狼战术。如何让 App 能做到只要内容准备好，就能即刻提交上线呢？这要归功于 Jason。由于 Ireland 的程序实际只有一个，更换的只是皮肤素材和里面的内容，所有 Jason 做了一个 App maker（基于 Django），只要运营把需要的数据以一定格式打包上传，就能生成新的App。由此，App的产出效率大大提高：从第1个App到第10个，并没有相差太久。很快的，途客指南系列就形成了一个App群，互相提携互相推送。这里面，下载了香港指南又下载了巴黎指南，进而下载一堆各个城市指南的用户不在少数（这也某种程度上拉高了整体的下载量）。

不要小看每个App都指定唯一的运营责任人，并将其以“关于”窗口的自我介绍放大和固化这个点子——它大大激发了运营人员的“这是我的产品”的主人翁意识，所以大家都打了鸡血一样拼命使劲，就为了吸引更多的用户去使用。我们的好几个城市的产品都曾经挤到了Apple Store中国区旅行榜的前十，这并非偶然。口说无凭，这是Jason当时给大家发的一份邮件。

> 听说菲姐昨天发了七八百条微博私信，来联系巴黎相关的用户。
> 我汗颜了，我还拿着我那三四十的点击在显摆。
> Top10不是偶然。各位同学，加油吧。

要知道，每个运营并非只做运营一件事情：前一个产品上线，下一个产品的内容就要在整理之中了，所以菲姐一天发七八百条微博私信，联系和巴黎相关的用户（准备去或者正在巴黎）就非常难能可贵了。

Tuotuo作为Ireland的整体运营专员，同时兼做“香港城市指南”，在她的努力下，“香港指南”免费被iapps.im（爱应用）首页推荐了几天，曾经一度登顶中国区旅游分类的头名和港台区总榜的头名。而其他一些城市的应用，也在各种各样的免费渠道上获得了不错的推荐位，上线头几天的走势都非常喜人。

榨干值得去铺的免费渠道的价值，Tuotuo几乎已经做到了极致。

就这样，Ireland一步步艰难地从众多同质App中脱颖而出，开始成为一股不可小觑的力量。

有爱的夫妻档组合

Weiyin是途客圈后期加入的决定性力量，他先是以兼职的身份为途客圈工作，工作了一段时间后又被我们所做的事情吸引，进而成为正式员工。

在为途客圈工作以前，他也是个创业者，而且几乎和途客圈同时开始创业。2011 年年末，他还是某互联网公司一个郁郁不得志的程序员，空有满腹才干，却无从施展。于是他参加了本书开头提到的创业周末（Alex 和他就此相识），和几个小伙伴拼尽全力，在 48 小时的时间里做了一个提供精致生活用品的导购的 iPad App，获得了那届创业周末的冠军。后来他们一起创办了公司，把这个概念产品化和商业化。作为一个技术合伙人，Weiyin 兢兢业业地打磨产品，建立团队并未让他得到应有的尊重，在一次融资中，公司的 CEO 背信弃义暗箱操作把他的股份大大稀释，然后又想出各种手段逼他离开。在抗争逐渐演变成旷日持久的肥皂剧后，他只能愤怒地协议离开。仅仅是安下心来做一款自己想做的产品，却遇到了兄弟暗中使用诡计，个中滋味真是一言难尽。

单单就“互相信任”这一个创业的最基本前提来看，国内的创业成本不可谓不高。人与人共患难容易，同富贵难。这样的例子在国内的互联网界实在是太多了。技术合伙人，如果不是大股东，为了避免“飞鸟尽，良弓藏，狡兔死，走狗烹”的悲剧，必须在加盟之初就把一切都落实到纸面，不要相信口头协议，不要相信“我们在下一轮融资时补签”这样的鬼话。签一份律师认可的股权授予协议，会让一切鬼魅伎俩操作起来变得困难许多。就我个人有限的认知而言，一份股份授予协议里面应该明确写明授予的股权、双方的权利和义务、纠纷处理的方法等，但最重要的是，它必须包括以下内容。

（1）你自己占有这个公司多大比例的股权。不要相信绝对的股数，一定要同时附有比例。比如说公司总股本是 1000 万，你占 20%，那就是 200 万。光告诉你 2 万的股数没有意义。

（2）所有创始人的股权基本是同等待遇。在创业初期有的创始人出资有的没出资，出资的创始人享有相应的优先清算权无可厚非，除此之外，大家的股权应该同等待遇——这本是约定俗成的，但不排除有的创始人把它做成了不同权益，甚至大家不是同比例稀释等。如果一开始没有约定好股票的权益，那么大股东联合所谓的“投资人”一起发力，小股东会很惨。

（3）自己享有的知情权。如果可能，为自己争取董事会的席位，或者至少是观察员。否则，很多决策自己被蒙在鼓里，这样很被动。

这些只是冰山一角，建议签协议之前咨询律师，日后有重要的更改（如融资后涉及大家的权益的变化），也最好咨询一下律师。虽然创始人一般都是一起多年的同窗或好友，但亲兄弟明算账总是不会错的，丑话说到前面总比起初含含糊糊，之后大打出手要好。

Weiyin 离开他倾心打造的产品和公司后，便和他女友 Mengshuang 一起开了个工作室，试图接一些 App 开发的订单。他本来是 php 出身，创业后转型成 iOS 工程师，当然免不了扮演救火队员的角色，所以具备完整打造一个系统的能力。Mengshuang 是设计出身，浸淫在互联网 UI 领域多年，Web UI、App UI 做起来得心应手。她也不甘于单纯的产品设计的角色，将自己的能力后移，不断侵占前端工程师的领地。一个优秀的前端往设计上发展，不一定能成为一个优秀的设计；但一个优秀的设计，只要她愿意花费精力，几乎一定能成为一个优秀的前端。所以这对夫妻档的组合可谓美妙——两人便可撑起一个独立的产品。

Alex 联系上 Weiyin 的时候，正是他最失落的时候：自己和自己创建的公司缘分将断未断，而刚刚成立的工作室也正巧需要成功案例背书，所以两人，不对，是三人，一拍即合。

很快 Mengshuang 就拿出了 Ireland 的第一个设计稿。稿件的质量很高，逻辑非常清晰，我非常喜欢她那种不但告诉你“是什么”还将“为什么”解释地很清晰的设计思路。

稿件来回讨论了几次，方案就定下来了，然后 Weiyin 花了大概一个半月的时间，就完成一个制作精良、质量已经达到上线要求的 App。同时，菲姐呕心沥血打磨的内容也准备好了。整个团队一轮又一轮地从内容和功能上测试 App，发现 bug 就立即反馈和修复。11 月初，在第一次和我们接触大约两个半月后，Weiyin 决定加入途客圈，Mengshuang 继续以兼职的身份为我们服务。大概 11 月上旬，我们的第一个城市指南系列 App——巴黎城市指南，正式上线了。

城市指南 App 是一系列有爱的 App。抛开运营团队精心制作的内容不提，光就 App 本身的质量而言，就处处闪现“这是一款有爱的产品”。下面是一系列由 Mengshuang 设计的图标。

我记得当时她发过来一个 PDF 文件，讲述图标背后的故事。那 PDF 大概是这样的：从一张邮票开始（邮票正中是城市的象征性建筑），如何盖上途客圈的邮戳，如何和 App 的主体配色融为一体，变成一张启动画面；然后又是如何加入纹理，加入我们有更多类似高质量 App 的暗喻，最终成为一个图标。作为一个设计师，尤其是一个兼职的设计师，设计出来的图标已经超出我们的想象，为了解答我们心中的疑惑，她还做了一个个解构示意图，讲述图标生成的整个过程，这份认真让我自叹弗如。

做一个有爱的设计不容易，产品的设计者首先得有爱。此外，设计背后的原因往往最能打动人。这是我从 Mengshuang 身上学到的。

项目管理工具：teamspark

Ireland 开发的同时，Cayman 也在如火如荼地进行之中，每周都有新的变化，10 月底，我们已经有了一个基本可用的版本，除了对内使用，还邀请了一些用户参与其中。剪辑的整个流程已经可用，生成的地点标签的准确度还需要进一步优化，由一个个剪辑组成的旅行笔记本的阅读体验已经不错，但地图如何引入，如何交互还在讨论之中，此外，将旅行笔记本自动生成一个漂亮的 PDF 的功能还在开发之中。为了更好地对产品的变化的效果进行评估，我们还使用了 Optimizely 来做 A/B 测试。

Cayman 的部署也在革新。通过 Atlantis，我们摸索到了一套适合我们的部署方案，在 Cayman 上，我们进一步将其扩展和自动化，线上 / 本地总共运行四套 Cayman 的实例，对应相同或不同的 branch。由于当时 tukeq.com 还承载之前的网站，所以新的系统以 master.tukeq.com 示人，里面部署 production ready 的代码。同时本地还有一个 shadow.tukeq.com 的实例，除数据库不完全一致外（使用的是线上的备份库），其他和线上一致，便于复现线上遇到的问题。本地还有 devel.tukeq.com 和 feature.tukeq.com，其中 feature.tukeq.com 用于展示每个 sprint 的 feature branch 的代码，devel.tukeq.com 则可以由开发人员随意将他们尚未完成的代码部署，供大家感受和讨论。master/shadow/feature 都是按周部署，devel 就很随意了。我做了一套部署脚本，可以用一条命令进行部署。本来打算使用这条命令 +cronjob 来定期进行自动化部署的，但考虑到我们有时并不能严格按照进度表完成工作，且手工运行一条命令的代价也不高，便没有完全自动化部署。

由于产品迭代的节奏很快，这段时间也是 bug 高发期。虽然我一再强调大家发现 bug 以后都要在 redmine 里面记录并分配给我（或者合适的开发人员）。但在使用了半年之久后，运营的同学们都嫌 redmine 沉重费劲，不够好用，提交起来太费劲，所以很多时候，bug 就仅仅存在于和开发人员的 qq 聊天中。这样的状况不太好，很多来不及处理的 bug 就无声无息地湮没在聊天记录当中，就像断了线的风筝，渐渐失了踪迹。所以，强迫大家使用之余，我一直在寻找更好的协作工具。

那段时间我正好读了一篇关于 Facebook 前 CTO Dustin Moskovitz 对 Meteor.js 的推荐文章。我本来就对 Dustin 创办的 asana 有些好感，也琢磨着团队是不是能换用 asana 来协作，但 asana 的国内访问速度实在令人头疼，因而作罢。Meteor 的创始人来自 asana，而其目标是将 asana 的核心技术 Luna 变成一个人人都可以使用的，快速开发实时 Web App 的工具（感兴趣可以看这篇文章：http://www.quora.com/Web-Application-Frameworks/What-are-the-differences-between-Meteor-and-Luna）。于是我就翻了翻 Meteor 的文档（写得不错），试用了一下 Meteor，做了个简单的“正字系统”。

在途客圈，我们有一个不成文的规矩是开发人员犯下的“愚蠢”的错误，视愚蠢度，相应的开发人员会被填上一笔或者多笔正字。每攒齐一个正字，就要给全体成员买雪糕吃。这原本记录在一个 Excel 表中，由菲姐维护，但记录和检索都不方便。正字系统上线后，这个几十行代码的小 App 顿时成为途客圈欢乐和干劲的来源。

那时 Meteor 版本尚在 0.3.8，还没有用户和用户认证系统，所以虽然我感受到了它在实时协作上的巨大潜力，但并未考虑用其做一个协作系统替代 redmine。

然而很快地，Meteor 就进化到 0.5，加入了用户认证系统，还有微博接入的支持——一下子解除了我的后顾之忧，花了一个周末做了些尝试和基本的产品设计后，我开始撰写 teamspark。从 10 月 9 日第一行代码起，到 10 月 18 日发布，我用了几天的业余时间和一个周末，便完成了 teamspark 第一版的开发。同样功能的产品，如果用 Django 做的话，我觉得代码量需要好几倍，时间上全职做两周都未必能做得完。Meteor.js 的魔力可见一斑。

以下引文是在 10 月 18 日，当我感到 teamspark 已然可用后，发给大家的一份邮件，阐述了我为什么会做 teamspark 和其基本功能。

> **为什么会做 teamspark？**
>
> 一直在寻找一个更好的（或者恰到好处的）团队协作系统。电子邮件越来越成为一个低效的团队内部沟通工具，而 IM 则很难追踪和回溯。Redmine 是个不错的开源选择，但太复杂，操作流程有些冗长，编辑们似乎也很难用得起来。其他一些我用过的：
>
> - bugzilla/trac 之类的就不说了，太极客了，直接无视开发外的 xdjm。
> - wikimedia：维基百科的开源软件，只适合开发团队。
> - confulence: 相当不错的企业 wiki（我最爱的 wiki 系统），但要收费。
> - jive：一套企业内社会化协作系统。太大，而且价格不菲。
> - asana：一套相当棒的协作系统，但还是有些复杂，而且国内访问速度很慢。
> - teambition：36kr 前几天报道过的一个项目，很棒（teamspark 的 UI 灵感来源于此），但其更多侧重与一个团队分享系统而非任务系统。
>
> 没有找到趁手的工具，遂参考 asana 和 teambition，做了一个（自认为）更符合我们这样的小团队沟通协作的系统。
>
> teamspark 是什么？
>
> teamspark 是一个简洁的任务和项目管理工具，团队内的任何人都可以用它捕获灵感，整理任务，追踪进度和自由交流，从而高效实现团队目标。

teamspark 能提供什么帮助?

记录团队正在发生的一切和工作有关的内容。teamspark 允许大家自由发表和讨论。包括但不限于灵感、bug、任务、需求。

让团队中的每一个人能了解任何项目的最新动态。

让信息在合适的时刻展现给合适的人。

teamspark 现在处在什么状态?

在线预览版。基本功能已经 OK，还有不少 bug，也还有很多在计划中的功能待做。虽然这是个仅仅花了几天做出来的项目，但基本的发表和查看功能已经可用。大家可以放心添加内容。

teamspark 将走向何方?

再花几天，把计划中的功能做完，进入到测试阶段。之后就有赖大家在使用的过程中提供灵感。只要是能帮助团队提高效率，我就会花时间做。代码会保持简单，目前大概 700 行 CoffeeScript/400 行 HTML，以后会维持在这样一个量级。

欢迎大家试用!

http://teamspark.tchen.me/

因为途客圈服务器有问题（貌似是 Node/NPM 版本的事儿），所以其被部署到阿里云的云服务器上了。

用你的新浪微博登录后，我会给你授权，就可以开始使用了！有问题直接在站内反馈!

从月底正式发布 teamspark（http://teamspark.tukeq.com 服务器在本地而非线上）起，到年底，大概两个月的时间里，单就 Cayman 项目，团队成员总共提交了一千多个问题反馈、功能需求及想法。每个人都在非常活跃地讨论产品。看得出大家对它的喜爱，我也跟打了鸡血一样不断地贡献更多的业余时间往里面添加更多的内容，如实时搜索、各种图表，还有一套用户积分系统。这积分系统引爆了大家，尤其是开发人员的热情，纷纷贡献力量。当然，由于我身上的活最多，所以不经意地，从一开始我就占据了贡献榜第一名。然而途客圈的这帮开发都不是省油的灯，一个个摩拳擦掌，攒着力量不断冲击榜首。在我 11 月中结束产假回到公司听到的第一句话就是：“叔，你终于回来了！你 teamspark 的头名已经被脑哥（Brian）给抢去了，要加油啊！”

这帮可恶的家伙！

小宝降临

创业之初我曾经和妻子约定不管做得如何，三年后再要孩子，这样可以让我心无旁骛地奋斗三年。可惜，人算不如天算，尽管我们大多数时候都很小心，但 2012 年的情人节稍稍放纵一下，便成就了这个小淘气。小家伙命是足够得硬——毫不知情的我们第二天一早就疯到了七八十公里以外的素未谋面的红螺寺，从山脚爬到观音寺，然后顺着一条据说能够通顶的山路继续向上爬，直到两人累得爬不动为止——这样高强度的折磨都没让她放弃。

3 月份，妻子去医院做了检查，发现真的怀孕了。虽然那时无论从生理上还是心理上我都未做好当父亲的准备，但既来之，则安之。事业还有下一份，孩子可是骨肉啊。按照“队医”Tuotuo 的神算，预产期在 11 月 16 日，所以我还有七八个月全力以赴的时间。如果说，到时公司能够稳定发展，开发团队也打磨成一个可以不那么依赖我的状态，不就皆大欢喜了吗？所以尽管我还没有心理准备，但也慢慢释然了。

那段时间我并非一个称职的丈夫和合格的准爸爸。我依旧是早出晚归，一周恨不得工作六七天的节奏。怀孕是件难熬的事，在妻子需要我的时候，我往往不在她身边。惭愧地说，由于各种各样的原因，我陪同她参加的产检可能都不到全部次数的 1/3。多亏岳母的帮助，坚强乐观的妻子顺利渡过了一个个难关，承载着小宝的肚皮也一天天鼓起来了。而发生在我身上的为数不多的变化就是：每天回到家匆忙放下包后趴在妻子圆滚滚的肚皮上跟小宝说一会儿话。“如果你再不多陪她说几句话，她也许都不记得你这个爸爸的声音了”妻子常常这么吓唬我。

为了让准妈妈随时保持心情愉快，也因为愧疚之心越积越多，我会时不时周末匀出一天来带着全家出去散散心。红螺寺是自然要再去的，大觉寺、十渡等周边的景区也玩了个遍。我们在迪卡侬买了把带靠背的折叠椅，每次出行我都背着，以便孕妈妈能够随时舒舒服服地休息。妻子最满意的是十渡那次出游，我们租了个筏子，我撑篙，她悠然地坐在支在光秃秃的竹筏上的折叠椅上，像个女王一样一边发号施令，一边美美地欣赏风景，煞是惹眼。

孕妈妈心情好了，运动足了，小宝宝就长得很快。记得8月份，我贴着肚皮已经能感受到她强有力的“舞蹈”。这时途客圈正在艰难地转型中，我也在一个准爸爸和创业者双重身份中来回切换。对于我来说最要命的是：每天的时间只有24小时。往任何一个身份上分配多些时间，势必影响另一个身份。妻子虽然表面不说，但能看得出她心里的苦。

11月初，我们为我休一周还是休两周的事情上纠结了一阵。考虑到小宝随时会出来，我开始逐步把一些运维的事情交给Chiyuan，项目管理的事情交给Kent。11月9日凌晨，妻子即临生产，我一直紧绷着的神经再也扛不住了，赶到公司跟大家开了个会，把手头上的工作收了尾，和大家做了一个交接，发了封邮件请假，并告知大家两周后我会回来，就又匆匆回家了。此时对我来说其他一切都变得不再重要，诸事顺利，母女平安是我唯一的心愿。

谁料小家伙折腾了一下又突然舍不得妈妈温暖的肚子，去医院我们被告知再等等，有强烈的宫缩反应后再过来。接下来几天，小家伙安静得可怕。一家人惴惴不安地等到了预产期的日子，她还是没有反应，妻子再也熬不下去了，全家人便又冲到医院检查。

胎心等生命体征都很正常，但羊水已经低于安全线，医生说了一大堆吓唬人的话，建议我们剖。妻子很难过，因为这可能意味着自己如果想再要下一个孩子的话，还得继续挨刀。但医生的建议不得不听，签了字之后便被安排在下午手术。

一上午我们都故作镇定，通过憧憬小宝的模样和有了她之后的生活来打消相互的紧张感。当预定的手术时间到来，我和丈母娘一路跟随手术床上了电梯，七拐八拐最后被挡在手术室外围的铁闸门外。这时，我感到了一阵阵既幸福又不安的眩晕——一两个小时后，我就将告别准爸爸的身份，正式转正。

在铁闸门口，我焦虑地时而来回踱步，时而把着门上小小的一方窗口，向里探望。这是个大门，里面还有一个大厅，远处消失在左右两边的一个个手术室才是真正进行手术的地方，所以尽管我瞪大了眼睛，也仅仅能看到偶尔来回走动的护士和医生。我的心脏一直扑扑扑紧张地跳着，有那么几次我都感觉它要跳出我的身体。每每有一张手术床被推出，我都一阵惊喜，定睛一看，转而失望。

近两个小时的焦灼等待后，我被叫了进去。医生说了什么我已经不记得了，总之手术很成功，妈妈和宝宝都平安，已在楼下的病房。听完这些，我们赶忙跑了下去。

来到病房，看着虚弱的妻子，和皱皱巴巴的小宝，我有点不敢相信眼前的一切。紧握着妻子的手，变成“爸爸”的狂喜让我像范进中了举一样，先是癫狂，继而痴呆起来。好在一切顺利，小家伙也是强健如牛，半夜的哭嚎声能穿透好几个病房。

三天后出院的那天，外面天寒地冻，屋里温暖如春。为了避免妈妈和宝宝受了风寒，我们做足了各种准备。年初知道妻子怀孕后咬牙把我的车换成了一部宽大的安全的三厢车，放了半年多的味，就是为了这一刻的到来。最终，费了半天的劲，把所有东西，所有人折腾到车里然后把车缓缓开出地库后，我们仨都要虚脱了。长长舒了一口气，我正准备安安稳稳开车之际，一直很安静很配合的小家伙突然哇哇号哭起来——根据之前在医院学到的经验，这是宝宝饿了的标志。我们面面相觑，要知道，出门前才刚刚给她喂过一次奶的。我赶忙把车停到一旁，三个人手忙脚乱，极其不纯熟地配奶。妻子虽然已有母乳，但那几天莫名发烧，打了两天抗生素，所以不敢让孩子吃母乳。数分钟时间里，小宝地哭声一浪高过一浪，直到小嘴吮吸到奶嘴才戛然而止。

接下来的几天里，我完完全全处在一个奶爸的角色里——我学会了在最短的时间里冲出一瓶最佳比例的配方奶，也能用最舒服的姿势让小宝在我怀里安睡。如果说请假后的前几天我还每天抽空处理公司事务，后来几天，途客圈完全被抛在脑后，因为围绕着她的生活已经足够紧张，足够应接不暇。

11 月 26 日的那个周一早上，勉强撑开布满红血丝的眼睛，拖着疲惫不堪的身子，我回到了公司。这时家里已经添了新的帮手——妻子的舅妈，我便可以抽出空来。离开公司两周，仿佛过了一个世纪。大家还在日夜鏖战，而我，需要尽快回归自己的角色。

最后的尝试

离开短短两周回归后，团队带给我了巨大的惊喜。在 iduu、Brian 和 Wangxiao 的努力下，文本剪辑后阅读的体验越来越棒；Chiyuan 已经完成了 PDF

生成的功能——用户剪辑出来的旅行笔记本可以生成出精美的 PDF，让用户多一种随身阅读的选择。Jason 除了完善了整个社交接入，用户注册登录的体验外，还把他自己一人独立开发的 App maker 做得越来越对运营人员友好。由于抽不出人手做 App 宣传页的前端，Mengshuang 干脆自己把这活儿也包圆了，我稍稍为其添加了点后台代码，一个个 App 宣传页也就出来了。

途客指南 App 此时已经发布了好几款，涵盖了数个热门目的地城市。Tuotuo 和运营的人员依旧奋力鏖战，把每款 App 的下载量都提高不少。在途客圈已有网站停止更新仅仅最小代价维护，全新网站尚未正式发布的情况下，途客指南系列俨然成了途客圈的当家产品。

按照我最初的设想，第一版的 Cayman 花 3 个月时间，在 11 月上线。这估计显然是过分乐观了，不仅没有充分考虑到各种不确定性，还忽略了旧版网站数据迁移的工作量。产品的开发进度已经一拖再拖，11 月底的产品还有不少问题和功能的缺失，数据迁移也没有做，留给我们的时间已经不多了。我们决定无论如何也要在 12 月底正式上线，对外的产品名称暂定“途客圈 2.0”。

一个月的时间，App 有几个大的功能需要完善。

首先是用户剪辑完一段文字后系统自动生成的和目的地相关的标签的准确度，这是通过内容反向生成行程和地图的关键。之前 Chiyuan 已经耗费大量的精力通过爬取主流的旅游网站，扩充 POI 字典，对各种目标文本进行机器学习，已经把提取目的地特征这事做到了我们能力范围的极致。如果你使用过 Evernote 的剪辑器，你会发现 Evernote 也在做类似的事情：系统试图帮助你把剪辑下来的内容归类到最合适的笔记本中。我猜测，Evernote 其实是把剪辑的文本的内容浓缩成一个个特征，然后和用户已有的笔记本进行特征匹配。此外，它还会不断学习用户的偏好，根据用户每次的选择来为相应的笔记本赋予更多的特征（或者强化某个特征）。我们做的剪辑器类似，只不过没有进一步挖掘用户的行为偏好。

做过模式识别的人都知道，把准确率提高到 80%，甚至 90%，只需要不到 20% 的时间，但要继续提高，每一丁点进步都要付出巨大的代价。不幸的是，我把新产品的核心建立在这样一块难啃的骨头上，虽说做成了便能建立我们相当坚实的护城河，但毕竟失败的概率非常大。坦白地说，从用户剪切的内容中进一步提高目的地特征提取这事已经超出了我们团队的能力。

弥补的方案有两个。第一个方案是如果对于一段文字，当系统无法很准确地识别出其核心内容描述的是一个具体的景点，那么将识别的级别退化到城市的范围。例如，一段完全描述卢浮宫的文字，但开头有这么一句过渡的话：

从凯旋门出发，沿香榭丽舍大街，穿过杜勒里花园，就能到达卢浮宫。

卢浮宫……

从技术的角度说，对于这样的段落，我们还是能够识别出其主要和卢浮宫有关，于是为用户剪辑的文本打上“卢浮宫”的标签。但如果类似的干扰性内容太多，准确度必然下降，此时与其打上一个可能会出错的标签，不如打上“巴黎”来得精准。

第二个方案是打上的标签仅代表系统的“推荐”，在剪辑器里让用户可以方便地从一系列备选标签中替换更加合适的地点。甚至，如果用户愿意的话，也可以完全自己输入。

通过这两个方案，我们暂时缓解了识别能力不准确的情况。

第二件事是数据迁移。已有的用户已经在途客圈当前的网站上留下了不少旅行计划、回忆和目的地数据。对于用户生成的、已经审核过的目的地，和其他POI一起，自然被迁移到Cayman的数据库中，但“旅行计划”和“回忆”如何处理？

对于用户的“回忆”，我们自动为用户创建一个旅行笔记本承载，每个碎片我们都把它做成一个剪辑，放入该旅行笔记本中，并打上地点的标签。同时，剪辑创建的日期和用户当时上传“回忆”的日期保持一致。

“旅行计划”迁移起来麻烦一些。每个“旅行计划”自然应该是一个单独的旅行笔记本，但里面的内容呢？很多内容没办法一一对应的。最终，我们采取的方案是把该旅行计划的每个目的地作为一个剪辑，辅以“第一天”“第二天”这样的标签，让剪辑可以被归属在不同的日程中。原来“旅行计划”中很多功能，如地图、地铁换乘等便不能使用了。

第三件事是地图。地图在旅行笔记本中究竟如何表现，我们来来回回折腾了很久，设计一改再改，最后简化成展示当前标签下所有地点在地图上的位置。用户除了点击地图上的标记切换到该标记对应的剪辑的阅读视图外，第一版的地图功能不能做更多的事情。不幸的是，就连这个简单的地图功能我们也未能将其保留——因为 Google Maps 在国内的可访问性越来越差，加载地图的过程对用户来说简直是一种煎熬。

这几件事在磕磕绊绊中也算是勉强完成了，但这还不是我理想中的产品。然而，时间是不等人的，产品从构思起已经过去 4 个月了，资金上的压力已经迫使我们必须要把“途客圈 2.0”尽快上线。

和平分手

现金流告急

10 月底的时候，ET 整理出来一份详尽的财务报告，包括遣散费在内，整个第三季度我们花费了 75 万元，比第二季度好一些，月度环比的资金消耗率（burn rate）在一点点降低。10 月，也就是第四季度的第一个月，我们的资金消耗率已经降到了 17 万元，几乎是维持当时 15 人团队的极限。然而，我们的现金流也降到了 150 万元，已经不到我们总融资额的一半。那时，Cayman 和 Ireland 还在分两条线向前推进，两个项目的前景还都不明朗。到了 12 月底的时候，现金流已经降至 115 万元，Ireland 已经有数款城市指南 App 上线，累积了不错的下载量，而 Cayman 还在襁褓中嗷嗷待哺。

在新年来临之际，我们审视第四季度的财务状况时，发现情况已经不容乐观——现金流即便按照当前的速度保持下去，我们最多还能维持 6 个多月。6 个月意味着如果我们打算通过融资弥补现金流的话，那么春节后就必须开始，而且要一切顺利，很快就能敲定下一轮投资，这样资金才有可能在我们现金流断裂之前到位。当然，如果我们能搞定下一轮融资而资金稍迟几个月到位的话，也没太大的关系，我们可以寻求内部借款或者外部的过渡贷款（bridge loan）来解决这个问题。

所以燃眉之急是想办法融资。

按照当时的状况，“途客圈 2.0”即便上线，短短两个月也无法聚拢起足够可观的用户，而“城市指南”系列 App 虽然下载量不错，冲击百万下载只是时间问题，但由于其所处的市场格局，决定了单凭它本身很难描述出一个能打动 A 轮投资者的故事，达到融资的目的。

短期内获得新一轮融资这条路看来行不通。我也考虑过拿出团队的一半人手做外包来自己养活自己，但几个前辈给我的建议是：当你从产品团队转变成外包团队之后，最大的可能就是勉力维持，不生不死，成为一个行尸走肉。所以这条路，没有考虑太多，便被否决了。剩下的路子……又将是裁员，想想都让人脊背发凉。

那时我们最终定下了“途客圈 2.0”在 2013 年 1 月 7 日上线的日子。运营的同事有条不紊地做着上线前的准备工作，开发人员也在尽力清理着这个版本的最后一批严重问题，大家热情洋溢，满怀期待地工作着。我虽然焦虑于现金流的问题，考虑过裁人的可怕状况，但还是故作镇定地和开发人员一起清理问题。“最坏的情况是两个月内如果还没有起色，再开始裁人。”我这么安慰自己。

由于这是一次主要针对老用户的上线活动，未做大规模宣传，当天的数据并不理想——尽管我们挑出了上一版注册用户中的活跃用户并通过邮件 / 微博等方式通知他们。1 月是出国旅游尤其是欧洲游的淡季，目的地的天气不那么令人愉悦，再加上春节临近，很多人都要回家过年，对像途客圈这样的网站来说，是个访问的低谷期。

1 月 9 日，Alex、Kent 和我坐下来聊了聊公司的未来发展。春节将至，前后影响会长达一个多月，很难想象 3 月网站会有什么样的用户增长和流量增长，这是我们的共识。我们的分歧是如果砍掉一个方向，留下一半的人，究竟是留下前景不错的城市指南系列 App，还是前景并不明朗的，通过切入用户行前收集和整理旅行资讯的过程，来影响用户行前决策的“途客圈 2.0”网站?

从午饭开始，我们讨论了整整一个下午，剑拔弩张。

Alex 认为网站的用户增长一直是一个坎，我们至今没有找到开启用户持续、稳定、大规模增长的那把钥匙。过去一年半的时间，我们主要精力都花在网站端，并未证明我们获取用户的能力——网站继续做下去，必死无疑，而 App，先不管活跃度等问题，从制作成本以及获取用户（实际是下载量）的低廉单价来看，则有很大的潜力达到百万的下载量。

我认为也许对一个旅游网站来说，低频次的用户行为决定了用户大规模增长的金钥匙并不存在，但坐拥近 10 万的网站用户（尽管里面有不少旅行计划大赛带来的一次性用户），如果我们在接下来的半年能够不断吸引到新的用户，确实通过不断完善的工具为用户行前收集和整理过量的旅游资讯提供独特的服务，那么还有机会有所作为；反观 App，身处红海，竞争过度激烈，我们又无明显优势，即便达到了百万下载又能怎样？我们很难建立起自己的护城河。

客观地说，做网站是九死一生；做 App 能够存活下来，但前途渺茫。整个讨论过程，由于我们吵得太凶，Kent 不得不经常让我们停下来冷静一下，然后继续吵。最终我没有说服 Alex 和 Kent，他们也没有说服我。我们决定先把这个烫手的问题先放一放，大家回去之后站在对方的角度好好再考虑一下，如果还是无法达成共识，就联系投资人，召开董事会表决。

艰难抉择

我不知道那天下午自己是怎么回到公司的。我竭力不显露出任何异常，以免影响到大家的情绪。坐在电脑前，我心绪凌乱，敲了数十行代码，定睛一看，全是乱七八糟的逻辑。看看表，已经四点多了。在公司里，我已经待不住，旁边坐着的Chiyuan和wangxiao随时都能发现我不太对劲。跟菲姐告了个假，我便回了家。

家人惊诧于我如此之早便回到了家。自创业起，绝大多数时间我都不在家吃晚饭，九十点钟回到家是家常便饭，妻子已经习以为常了。小宝出生后，在妻子的强烈要求下，我稍稍改变了作息：晚上7点回家，在8点前到家，这样能在小宝睡觉前陪陪她，逗逗她，让她不至于每天睁眼到睡着前都要面对一个父亲不在家的世界。

但下午5点多就回到家，显然不在家人的计划之内。换上家居服，仔细洗干净双手，我抱起了小宝。不到两个月的她还不太会自主地笑，但在我怀里的时候，她还是会不经意间，赏我一个纯洁、自然的笑脸。

我觉得自己亏欠她很多。家人总吓唬我说她老见不着我，以后会把我当陌生人一样，见了就哭。但是每天的时间就那么点，顾此便失彼，近两个月的时间里，我虽然努力地兼顾创业者和奶爸的角色，但似乎哪个也没有做好。家人不满我为家庭付出的时间太少，我也不满自己在公司的表现。

说实话，自从小宝出生以后，我便没有安稳地睡过觉。小家伙睡在我们旁边的小床上，夜里总要嚎哭四五次。开始的时候，每每被她吵醒，我都会起身安慰她。后来，发现妻子也总会比我还快地起来安慰她，我便不再起身，尽管每次必被吵醒，但我也假装听不见，尽量让自己能多睡一点点，以便白天的时候有更多的精力工作。

但是，精力的下滑和工作时间的减少还是不可避免的。白天我经常用咖啡和红牛来提神醒脑，中午饭后还要加上半小时午休的时间，才勉强让下午的宝贵时光不至于被睡魔夺了去。但尽管如此，魂不守舍的状况还是时有发生。此外，我每天的工作时间减少了一到两小时（从早7点到晚7点），每周的工作时间也和大家保持一致，不再独自加班了。

那段时间我常常在想，对于一个创业者来说，究竟有没有所谓的“工作与生活的平衡”？如果有，那么究竟该怎么做？为什么我做起来如此艰难？是我的方法不对，是我过分紧张，还是什么别的原因？我努力地想在不影响生活的前提下做好创业，但我的确已经要应付不了小宝出生后的困局了。

过分紧张的确是事实。也不知从何时开始，我的右臂从胳膊肘一直到手掌都开始发麻，有三个指头似乎快要找不到感觉了，一开始我以为是尺神经炎，没有在意。发麻的症状越来越厉害后，在家人的不断催促下，我才重视起来，去医院看了看。医生开了一堆吃的、贴的、擦的药，叫我回去后多休息多放松。午休前后，中医出身的 Tuotuo 也常常给我推拿，有些效果，但每每当她排出一排银针，一副江湖女侠范地要给我扎针进一步治疗时，我连忙婉拒了，不是信不过她，而是我觉得自己肥肉实在太厚了，怕穴位没法被找到，最后自己落得个熊猫阿宝的惨况。

手臂发麻影响的只是敲击键盘的速度，还好，但斑秃影响的就是形象了。有一天不知是谁提醒了一句，说：“Tyr，你脑袋后边有块地方是剪发的时候没剪好么？”我熊躯一震，最近没剪头啊？！回到家我让妻子好好检查了一下，发现竟然是斑秃，类似的地方有四五处，势力范围似乎还在不断扩张中。虽说我对形象一直都不敏感，大家送我一个“土肥黑圆”的雅号我也乐滋滋默认了，但“土肥黑圆秃”或者“土秃肥黑圆”也太让人难为情了吧？

所以从那以后我每天回到家的第一件事就是妻子拿着切好的姜块在我后脑勺上秃着的地方用力摩擦，好让姜汁都被吸收进去，刺激毛发滋生，但效果很一般。

言归正传。

眼下这个坎是绕不过去的。平心而论，虽然看不到未来，但 App 好歹有现在；网站端即便有个“美好”的未来，但能不能撑到见到未来的那一刻，我心里根本没底。不管怎样，有一件事是不能拖的，那就是彻底理顺途客圈的顽疾：方向不明。

迫于现金流即将难以为继的窘境，我们在发展方向和未来选择上列出了两个提案。

（1）放弃网站端的产品，全力做 App——这意味着开发团队可以基本裁光，留下一个五六人的小规模团队，这样可以再撑至少 12 个月。活着也许就能见到希望，尽管在我看来，这希望是极其渺茫的。

（2）App 最小化维护，全力做网站端产品。在这个方案里，可裁的人不多，顶多三四个。团队依旧只有 6 个月左右的时间，年后就不得不融资。到 5 月底，如果融资依旧无望，那么团队只能解散，各奔东西。

摆在纸面上一看，就是一道二选一的选择题，我们竟然为此吵了那么久，互不相让，没有人愿意站在对方的角度想问题，都认为自己的方案是为了团队的利益最大化。其实冷静下来一看，答案似乎就浮在眼前，只不过我一直不肯往那个方向去想罢了。使劲甩掉脑海中这个可怕的念头，我拿出纸和笔，对两个方案一条条进行 SWOT 分析。

晚上躺在床上，一合眼过去两年的一幕幕就像过电影一样显现。就这样度过了 5 小时。令人窒息的 5 小时。

第二天早上不到 5 点，我便驱车赶到公司。整理了下心绪，我用尽量平静地语气给我们三人发出了下面这封邮件。

To all,

经过半天的思考，我的确也未有找到更好的路。我并不看好城市指南系列 App 的未来，到目前依旧持此态度；但我也不能对两三个月内网站的走势做任何保证，因为我相信它是一个厚积薄发的项目。置身于存活与融资的紧迫背景下，我勉强同意 Alex 的提案。

然而在这个提案里，我已无继续存在的必要。因为那样的思路打造的是媒介，内容为王，UI 为将，运营为帅，技术屈于末流；而我一直倾心打造一个技术型公司，用工具解放生产力，其他为辅。所谓道不同不相为谋，我很难对这样一件事情持续注入我的精力和时间，朝九晚六心不在焉对我是种折磨，对公司也是个祸害。

所以我想现在到了我该离开的时候。与其为了各自的理想争个你死我活，在董事会大动干戈，不如我主动退出，这对大家都是体面的事，于团队的伤害也是最小。

我离开并不会对 App 的方向产生任何不利的影响。Jason 或 Weiyin 任何一人都足以撑起这个产品；也许员工的精神层面会有些震动，但即然决意将开发团队系数裁撤，那么这种影响也并不紧要。

如果需要的话，我离开后依旧可以对网站做必要的系统维护，我相信它是个厚积薄发的项目。

早上我会联系下 Xuwei，到工场和她聊聊我的想法。

To alex,

我看了下面的文字，说实话，我提不起兴趣，100 万次的下载量又能怎样？我们跟用户的纽带何在？我们的竞争壁垒何在？这样的 App 就如流星一样划天际而逝，我们无非在造更多的流星，通过持续的流星雨来保持势头而已。如果凭此融到投资，我们幸运；但幸运之后还是要继续寻找那把开启下一扇门的钥匙。

而且在这个框架下，我并无存在的必要。少一个人能少一份决策的阻力。也许你是对的，也许你是错的，让时间来说话。

再度裁人

Alex 和 Kent 收到我的邮件很吃惊。他们尽了最大的努力挽留我，但我决心已定。如果团队要聚焦于一个方向，那就聚焦于一个方向，我固执又倔强，从不看好途客指南 App 的前景，留下来只能徒增团队的负能量，带来不稳定因素。所以我很快打消了他们挽留我的念头，把精力集中在留下谁的问题上。

尽管 iduu 能力很强，但 App 现在已经稳定，UI/UX 变化不大，有 Mengshuang 兼职足矣，他和 Hugh 组成的 UX 团队便不需要了。开发团队留下 Weiyin+Jason，或者 Weiyin/Jason+Chiyuan 的二人组也就够了，甚至，Weiyin 和 Jason 其中一人能留下勉强也够了。

编辑和运营团队留下多少人则取决于我们究竟要多快速度不断推出新的城市指南系列 App。由于开发团队的薪金支出占整个团队薪金支出的绝大多数，所以这一块人员的变化由 Alex/Kent 决定就好。

我们最终讨论出来的方案是留下来 6 ~ 8 人，这样整个公司的月度支出可以收缩至七八万元，刨去裁员的成本，我们剩下的钱还可以运作至少一年。由于这次裁员主要集中在开发人员，跟他们沟通，我显然是最佳人选，所以我便自告奋勇地承担了开发团队的告知和安抚的任务。

在这样一个时间节点上裁人不那么厚道——再有不到一个月就迎来了农历蛇年（2013 年）。但既然已经有了定论，那么立即执行比拖到年后要好得多。一来我们的新策略可以立刻贯彻，二来被裁的伙伴们也可以在新年里好好释放一下郁闷和不满，同时为未来打算。

2013 年 1 月 14 日，星期一，寒风凛冽。因为网站上线，大家刚刚度过了忙碌的一周。9 点左右，小伙伴们陆续赶到立方庭的办公室，像往常一样开始一天的工作。没人知道，有一封邮件静静地躺在每个人的邮箱里等待其主人的阅读。Chiyuan 来得比较早，进屋的时候跟我有说有笑，当他进入到工作模式，打开邮箱时，我从眼角的余光里看到他先是惊呆，继而脸上的笑容凝住了，最后定格成一副颓然的表情。邮件是这样写的：

> 大家好，
>
> 转眼间新的一年已悄悄过去 1/24，算算离 7 月中旬那次会议已有 6 个月有余。当时我们为了能够有一个更好的前景，更长的存活期，毅然忍痛将包括实习生在内的 7 名成员裁撤，缩减规模，搬离工场，换来 10 个月左右的时间进行转型和发展。不知不觉中，我们已将剩下的时光耗去了一多半，我们的业务、收入却还处在迷茫期，我们的现金流已然捉襟见肘。
>
> 在过去的半年里，我们的 Web 产品推向市场的速度太慢把整个团队拖累到目前的尴尬境地。作为 Cayman 产品线的负责人，我要负全部责任。这个产品本该两个月前推向市场，但我没能更好地控制开发的节奏，缩减产品的功能，导致一再延期，耽误了运营和商务的进度。在这里，我先跟大家深深地道歉。如今，我们的时间已不多。在未来不到四个月的时间内，我们需要进一步的资金（融资）和找到生存下去的方式（造血），才有机会继续践行我们的理想。残酷的现实是，途客圈离 A 轮融资已经渐行渐远，曾经热捧我们的投资人已经不再青睐我们；而我们自身还一直没有找到合适稳定的收入渠道。
>
> 冯仑说伟大是熬出来的，这一个熬字让人难以消受。“唱吧”在一

鸣惊人前团队煎熬了 15 个月之久，忍常人不能忍之痛，受常人不能受之难。我们目前也在这种境地，前路漫漫，寒风凛冽，我们必须在煎熬中生存下去，只有生存下去才有看见曙光和实现理想的可能！

为此，我们又到了一个不得不缩减团队规模的时刻。本周，对于为这个团队一直奋斗的大家来说，将是一个非常痛苦的时刻，不少伙伴将要离开。我们很不情愿牺牲任何一位兄弟姐妹的利益，但为了大家共同的利益，为了公司的整体利益，我们不得不这么做。我们希望通过牢牢地控制成本，换回更多的时间来争取 A 轮融资。无论接受与否，希望大家能够理解，理解把全部身家都放上去且拿很少工资的创始人的心情。我们在过去一周多的反复讨论和推演中，完全抛开个人的感情和荣辱，一切都以公司存活和发展为最高目标，才定下了如今这个节流方案和发展方向。

稍后我们会挨个和大家一对一谈话，与大家沟通具体的方案和公司的发展方向。这是一个艰难的决定，望大家理解。无论结果如何，我们一路走来，本就是兄弟姐妹、创业伙伴，将来的路上还要互相携持。无论离开与否，我们都要为我们的途客圈感到骄傲，我们创造了一个方向，引领了一次在线旅游的小潮流，互联网创业的路上已经烙下了我们深深的足迹！

由于这事来得太突然，每个人都有这样那样的疑问，在办公室里谈很压抑，我选择了去咖啡馆和每个人谈话。谈话的内容我已经记不清楚了，总之从早上起我就一杯又一杯地将咖啡往肚子里灌，谈话的对象一个又一个轮换着。有的人眼眶湿了，有的人愤愤不平，有的人压根没有关心自己地处境，反而同情于我的处境。但是，所有被裁掉的小伙伴都平静地接受了公司的决定，甚至都没有问他们能拿到什么样的裁员补偿。

想留下的人中，Jason 和 Chiyuan 都选择了离开。Jason 态度很坚决，他也不看好途客指南未来的前进。在我和 Alex 的劝说下，Chiyuan 有些犹豫，但思考了一天之后还是决然选择了离开。Weiyin 的态度有些模糊，刚加入一个他喜欢的团队，做了一款有爱的产品，便遭遇了这样大的变故，这让他有些措手不及。

在那一整天里，我不仅跟开发人员谈话，还尝试着给留下的运营同事们打气，鼓励她们坚持下去。结果，在跟 Tuotuo 聊的时候，她反倒给我上了深深的一课。她说：

看了你的邮件，我脑海里想到的是《亮剑》里面独立团骑兵连面对围剿的悲壮场面。每一轮冲锋，身边的弟兄们就倒下一片。现在，我们又有一群人为了整个团队更好的未来，倒下了。我感觉我们这些剩下的人，就像断了臂的孙连长，最后一次擦干净了战刀，发出了最后一声怒吼："骑兵连！前进！"，然后义无返顾地冲向了日军骑兵联队的战阵……

那一刻，我感觉自己像个逃兵。突然间，我有股强烈的冲动想要留下来。

冷静下来思考了一晚，我还是找不到我留下来的意义，尽管这是我一手打造的公司。此刻，对途客圈最有意义的是一个明确的方向，一支精干的团队，以及义无反顾的执行力。我留下来只会打乱既定的方针和部署。而我离开的话，没有了利益的纠葛，以编外的身份帮忙，帮助团队平稳过渡，反倒更为有益。最终我打定主意：如果 Weiyin 不愿留下的话，我就留下，直到团队找到一个更合适的人接手 App 和服务器端的工作；如果 Weiyin 愿意留下，我便全力协助他掌握 App 相关的服务器端的代码和各种各样的运维任务。

经过几天的犹豫和挣扎，Weiyin 决定留下。这对途客圈是一个很大的利好，App 端可以无碍地继续沿着路线图前进。

告别团队

接下来的几天里，气氛有点压抑。离开的伙伴们忙着交接手头的工作，留下的人在为一个又一个城市指南的诞生全力冲刺。你不得不对这群可爱的途客们刮目相看——公司对他们不仁，但他们对公司始终有义。如果不是创业，不是做一个让人热血沸腾的旅游项目，真的很难找到这样一支有热情的团队。晚上的时候，大家聚在一起要么吃饭，要么 K 歌，共同怀念每个人和途客圈一起经历的风风雨雨，享受最后一段在一起的时光。

我本来制订了一个完整的技术分享计划，从底层的 CPU 架构一直到当时正在兴起的 Node.js，结果这分享做了一次便要夭折。趁着大家还都未离开，我做了几个 Node.js，以及 Meteor 相关的讲座，希望大家即使离开后，还能够保持对新技术的不断学习。

Weiyin 在 Jason 和我的帮助下，渐渐掌握了 App maker 和 App 后台 Rest API

所需的一切知识。途客圈的网站，Alex 认为维护下去一无人手，二无意义，我便想将其拿下，换上 App 的介绍页面。但他认为可以将其作为一个幌子，迷惑竞争对手，掩饰我们即将要全力做的事情。于是我便作罢。

那周周六，我邀请全体团队成员来我家做客，看看当时还胖乎乎圆滚滚的小宝。

隔周周一，大家开始陆陆续续离开了。回家的回家，休息的休息，立方庭的办公室一下子冷冷清清。之前就决定好裁人结束后再搬回工场，在这个当口，搬回去再合适不过，否则睹物思情，也颇影响留下者的心境。

我一直坚守到 2 月初，确保所有的事情都交接妥当才着手离开。真正要走的那一天，坐在电脑前，整个人有点麻木了。写一封告别邮件，却不知从何说起，思绪仿佛断了线，无从说起，过去两年的记忆随意飘荡。突然间，耳边响起邓丽君的《再见了我的爱人》，心头一热，便顺手写下了这封告别信。

Hi All,

很抱歉因为个人的固执不能继续陪伴大家走下去了。今天将是我在途客圈 616 天生命历程中的最后一天。有很多话想说，却不知道该如何开口。借用邓丽君的一首歌：

GOODBYE MY LOVE 我的爱人再见
GOODBYE MY LOVE 从此和你分离
我把一切给了你希望你要珍惜
不要辜负我的真情
GOODBYE MY LOVE 我的爱人再见
GOODBYE MY LOVE 相见不知哪一天
我会永远永远爱你在心里
希望你不要把我忘记
我永远怀念你温柔的情怀念你
热红的心怀念你甜蜜的吻怀念你
那醉人的歌声怎能忘记这段情我的爱再见
不知哪日再相见
再见了！

希望大家珍惜目前的机会，卯足一股气做到我们理想的数据，然后顺利拿到A轮融资，进入到下一个阶段的发展。在这个过程中兄弟姐妹们无论是公事还是私事，只要我有空，能帮到，我都义无反顾。

加油！

离开后的第二天，我依旧早上5:30起床。人就是这样，某种生活方式一旦养成，便有了惯性，很难被打破。麻溜地洗漱完毕，我才意识到，今天似乎无路可去。“月明星稀，乌鹊南飞。绕树三匝，何枝可依？”晚冬的拂晓，天还是黑的，可惜在雾霾的笼罩下，月明星稀无从谈起。准备出行的游子确是和南飞的乌鹊一样无枝可依。

磨磨蹭蹭直到和家人一起吃完早餐，我才打定主意，去国家图书馆消遣一天的时光。一切仿佛回到了原点：我的创业历程从这里始，至这里止。

除去春节假期，整个2月，我不是在国家图书馆里泡着，便是在创新工场里和Weiyin探讨各种服务器端和部署方面的问题。Chiyuan也是每周必到，鞍前马后为途客圈贡献着光和热。

我和Alex/Kent也签署了股权的回购备忘录，公司以很低的代价把我拥有的股份赎回，我一时心软，还同意了分期和分阶段支付。直到4月我找到新的工作上班前，我还定期地无偿为我挚爱的公司做各种技术咨询。然而，我的好心并未换来相应的回报，后来途客圈被并购的整个过程，我积极配合地行使着橡皮图章的功能（当时我依旧是公司的法人），却没有任何一方，尤其是我曾经的合伙人们，考虑过我作为一个债权人（此时公司还欠着备忘录中规定要支付的股份赎回的款项）的诉求，以至于最终公司从头到尾仅仅支付了我不到一半的股份赎回欠款，让我略感心寒。不会在商言商，倾注过多的感情而理性不足，也许是一个创业新手，尤其是一个工程师创业者最大的弱点。

当然，这小小的风波除了让我认识到现实的残酷外，并不影响我对这家我亲自创建并打造的公司的热爱，以及对整个团队的深厚感情。钱丢了可以再赚，感情却可能是一辈子的事。

结束使命

离开途客圈后，不少创业公司向我抛来了橄榄枝，也有投资人找到我，打探我下一个项目的口风，我却畏惧了。短期内我无法全身心投入到下一个项目中，无论是加盟我看好的创业项目，还是自己去做一个新的项目。我觉得自己需要时间反思和沉淀。几乎有那么一个多月的时间，我整天都泡在国家图书馆里，阅读形形色色的书籍，整理自己两年来的日记和笔记，以及开始撰写我在途客圈的回忆录。是的，这本书始于 2013 年 2 月到 3 月间，一边写一边小范围地分享给一起走过来的兄弟姐妹，刚写了三分之一，便被日渐繁忙的工作和出差打断。

与此同时，途客圈陆陆续续传来一些正能量的消息。新的城市指南不断地上线，用户增长的势头虽然没有之前被各大免费渠道推荐时那么惊艳，但也相当不错。App 本身的质量，在 Weiyin 和 Mengshuang 的不断调校下，也越来越好。Alex 雇了一个 Android 开发实习生，开始试水 Android 市场。

有天，Weiyin 找到我，跟我描绘了他很想做的一款旅行激发类的 App“途刻”。这是一个同样简单精致的 App，每日推送一篇精美的文章，介绍一个和目的地相关的故事，来激发读者旅行的欲望。我理解 Weiyin 的想法：一个有理想有情怀的开发人员，如果没机会做新东西，每天仅仅是做做小规模的维护，调调文字间距什么的，要么把锋芒折磨没了，就此沉沦；要么被开发新产品的欲望折磨疯了，就此离去。“途刻”和“途客城市指南”系列产品同为媒体属性，内容上又互为补充，有点旅行版的“ONE”的意思，看上去值得一做。Weiyin 征得了 Alex 的同意，便满怀期望地开工了。我便帮助他提供添加内容的后台，以及相关的 Rest API。一个月左右的时间，这款 App 出炉了，品质不错。正在做内容运营的 Nannan 也愿意贡献自己的一部分时间，每日为这个 App 提供精美的内容，于是乎，万事俱备，只欠上线。然而，在随后的一两个月里，这款 App 因为种种原因一直没有上线，后来便不了了之，有些让人惋惜。

大概在七八月的时候，途客指南系列 App 的下载量终于突破了百万大关。这是一个足以让 Alex 和 Kent，以及整个团队自豪的数字。

随后的日子里，Alex 一直奔波于融资——因为我没有参与，不知道他付出了多大的精力。但我想，这是一场足以让人熬白了头的拉锯战。2013 年上半年的融资形势比 2014 年差了许多，VC 们大都十分精明，捂着口袋不肯掏钱。Alex 把融资的预期一降再降，可接洽的 VC 依然观望中。融资不比买卖大白菜，对 VC 来说，投一两百万美金和五六百万机会成本几乎是相同的，城市指南类的 App 又是一个竞争激烈的红海，在市场不好、前景黯淡的时候，谁愿意接盘呢？

融资的同时，Alex 和 Kent 想在新的方向上寻求突破，他们的一个还未成形的想法恰好与我之前和 iduu 在“五一”期间做的类似 GuideHop 的项目 Cuba 比较类似，于是我到工场给团队展示了当时我们做出的Demo，以及代码的基本结构。因为Cuba是一个三天做出来的项目，UI是临时拼凑的，整个体验并不完整，没有接入支付，很多地方有待完善。大家评估了一下，即使以它的代码为基础，开发的工作量也远非Weiyin一人能在短时间内完成。于是作罢。

日子一天天过去，途客指南系列的下载量在继续增加，一个名为“口袋旅行”的新的城市合集的App也在计划之中。

融资渐渐无望后，Alex把团队生存下去的希望寄托在了并购上。途客圈的高效的App团队，已成气候的途客指南系列App产品，以及两年来累积的格式化的优质的景点数据，还是吸引到了并购者。只不过本可很快完成的并购大戏被硬生生拖成了一出肥皂剧。透着傻气的诚实，过早地毫无保留地亮出底牌，让我们吃亏不少，被对方牵着鼻子走，并购金额从起初的金额起一路缩水到最后成交时的1/4左右。作为法人，很多字还是由我来签，尽管仅仅行使橡皮图章的功能，我也从团队中耳闻不少匪夷所思的故事。初次创业，或者说初次经商，这都是不得不付的学费。

让我印象最深的是，并购几近完成的某天，我和Alex还有Kent一起吃饭。二人无比疲惫却又如释重负地说：“走完这一步，我们也算给团队有个交代，对得起Weiyin、Tuotuo、Nannan他们这段时间的努力与坚持。”

我听了后，感动，心酸，脑海中又浮现了Tuotuo跟我说过的《亮剑》中的场景。

途客圈的整个创业历程，就是沿着一个初心启程，然后丢失初心，再寻找初心，寻找方向的过程。那么，我们的初心究竟是什么？我一边扪心自问，一边在Evernote里面一篇又一篇的日记里翻看着。突然，我发现了一则两年前的演讲稿——那是我第一次参加iWeekend，为了准备电梯演讲时写下的。由于iWeekend要求用英语演讲，所以整段文字都是英文。看着这段文字，两年前的自己仿佛就站在面前，用青涩但激情、坚定中透着乐观的语调在展示一个美好的愿景（那时途客圈还叫toureet）。

Good evening. My name is Tyr Chen and my topic today is Toureet - a planning tool for self-organized travel.

Many travellers want to do self-organized travel. But it is too tedious to do the planning and you don't know how to get and connect required information and how to make a proper travel route. So you gave up and ended up as a group traveller.

Toureet is just the right tool to solve this problem. It contains a well orgainized database for most of attracting places. Like shopping, you just add places you want to go into your travel cart, drag-n-drop them into your calendar, then It's all set! We will take care of rest of jobs, including alerting you on visa, hotel booking, generating your itinerary, your budget plan and your own lonely planet like book for this trip. You can share your plans to others, or clone others' plan. By using toureet, you're not just doing the travel, you're creating your own experience.

Travellers are going to spend money. So it is not hard to make money from it. Commissions from vendors could be our cash flow in early ages, and as we're growing bigger, context aware advertisements or coupons could be a reinforcement. It adds values for both vendors and users.

Join Toureet! We need developers/Testers in Python/Django, no-sql database and user experience engineers.

新的思考

在这本书陆陆续续写作过程中，我也在不断思考创业这件事情。创业是件实际操作要比理论知识重要得多的事情，需要亲自体验。创业者的活法千奇百怪，死法也不尽相同。所以，不要想象着自己看了一些创业成功经验、失败教训的分享和思考，就好像拿到了游戏通关的秘籍，从此在征途中无往不利。这是因为每次创业，都是截然不同的体验。“人不能两次踏进同一条河流”，一支团队的背景。成员的生活经历、心智、人脉、公司所处的市场机遇、竞争关系等都是无法复制的。不要轻信“大师”们“我的成功可以复制”的成功学。

但是，有些思考是可以借鉴的，有些范式是可以应用的。接下来的篇幅，就着途客圈的案例，我们一起从团队、方向 / 市场、产品，技术、流程等方面复盘一下。

团队

选择合伙人

选择合伙人和选择婚姻的另一半一样，千万马虎不得。如果一场婚姻中，妻子总会不定期查岗，或者丈夫时不时查账，那必然长久不了。绝对的信任是这类关系的基石。很多书籍文章都建议合伙人从熟人下手，这不无道理。但自己必须弄清楚，双方是真熟悉还是假熟悉？自己是否真的愿意把接下来的几年毫无保留地托付给对方？

合伙人要能够互补，这是老生常谈，就不展开了。至于股份分配、角色定位，在之前的文字中也仔细分析过，这里不再重复。我只想再次强调一点：公司可以民主，人人都可以参政议政，但只能有一个主心骨、一个最终决策者（民主的“独裁者”）。

选择技术合伙人（成为技术合伙人）

现下人人都是产品经理，人人都是 CEO，在北京，随便走进一家咖啡馆，都充满了“改变世界”的想法，就差找到一个技术合伙人把它变成现实了。所以，对创业者来说，选择一个合适的技术合伙人，对技术专家而言，如何成为技术合伙人便成了一个重要的议题，在这里着重展开一下。

我觉得，要做（或者找）一个合适的技术合伙人，要重点关注这些能力：

- 开发产品的能力；
- 组建团队的能力；
- 领导团队的能力；
- 自我驱动的能力。

开发产品的能力

初创公司人少钱少（相对的），除非你是成功的连续创业者或者行业里某个领域的翘楚，VC 拿着银子求着你创业（这在 2014 年至 2015 年还真不少见）。大部分团队在拿到第一笔融资前，往往需要有个产品的原型，而这个重任主要会落在技术合伙人的身上。此外，在创业的初期，开发的任务很多，没人能顶上来的时候，技术合伙人必须顶着。

所以，技术合伙人在初期的产品开发上能够做下面这些事情。

（1）定义产品架构，做好能够为未来留有一定余地的技术选型。留有余地有两层意思：在实现层面，你要确保选用的技术能够在合适的时间内招到人；在技术层面，技术选型能够满足未来的增长。

（2）挽起裤腿，撸开袖子上阵写代码。架构再优美也总得有人把它落地，如果技术团队就几杆枪，就不需要只会发号施令的“领导”。

（3）全栈开发。后端扛过来了，扛前端，前端搞定了做运维，一定要可攻可御：缺人的地方，就是技术合伙人体现价值的地方。拿 CISSP（Certified Information Security System Professional，信息安全系统专业认证）认证中的一句话形容技术合伙人的技术能力最恰当不过“A mile wide, an inch deep”（1 英里宽，1 英寸深）。你需要能够把各种技术捏合起来，什么都“略懂一些”，需要的时候再钻研进去。

组建团队的能力

产品开发和组建技术团队将会是技术合伙人初期的主要职责。现在互联网行业火热得一塌糊涂，让本就艰难的创业公司在招人上痛苦不堪。招人，尤其是招程序员，不光是 HR 的事情，更是技术合伙人必须亲力亲为的一件大事。所以技术合伙人需要有广阔丰富的人脉。单这一点，就决定了大多数优秀但是比较宅，喜欢跟机器打交道胜过跟人打交道的程序员，可能并不适合做技术合伙人。

怎么打造丰富的技术人脉？坦白地说，我自己也在摸索。我自己觉得有这么几点。

（1）要不断强化自己各方面的能力，让别人信服。
（2）愿意真心真意地帮助别人。
（3）有困难的时候愿意寻求别人的帮助。

可能有人会不太理解。第一点是攒口碑，第二点是攒人品，这都好理解，为什么需要第三点呢？很多人，尤其是程序员不太愿意寻求不那么熟悉的朋友的帮助，总觉得这样欠着人情不好。其实这是多虑了。请求别人帮忙，是建立更深层次的关系的基础，如果只靠前两点，你只能徘徊在自己的影响圈，而很难拓展到关注圈。

在招聘上，内部推荐往往是最靠谱的。有了丰富的人脉，你就有组建团队的潜在资源和能力。很多初创公司在发展的过程中遭遇瓶颈，往往卡在人的因素上。

在招人的时候，要尽量招那种有一些人脉的程序员，这样，公司在飞速发展的过程中会有更多的机会找到更多合适的人。

领导团队的能力

有些团队能招来人，但是留不下人。技术人才对初创团队来说是笔宝贵的财富，辛辛苦苦挖来的人如果轻而易举地流失，那么，问题就很严重了：这既会影响在岗同事的信心，又会给未来招聘蒙上阴影。当然，留人是个很大的话题，跟公司的发展状况、薪资水平等其他因素关系很大。抛开那些客观因素，这里主要说技术合伙人的主观作用，这也跟领导力有关。

留人要从新员工入职的第一天做起。一个热烈的欢迎邮件，布置整齐、带点小惊喜的办公桌；你在团队里召开的时间很短，但很热情、发自内心的迎新会，会让新人感受到额外的活力。在一家公司第一天上班是件新奇的、意义非凡的事情，千万不要把它平庸化。有的公司新人来了之后，同事各忙各的，没人管他，老板姗姗来迟，寒暄了一两句就钻进会议室里一天都见不着影，自己一个人呆呆地坐了一天，都不知道该干点啥好：公司招聘的时候各种画“大饼”，员工第一天到来抱着为公司尽心尽力的热情，结果被泼了一大盆冷水，透心凉，甚至打退堂鼓。

程序员的大脑是闲不住的，作为一个技术合伙人，千万别给他自怨自艾的机会。热情的迎新之后，一定要有个一系列的新员工入职培训（new hire orientation）或者集训（bootcamp）。要让新人迅速掌握下面这些事情。

（1）公司的历史、文化、团队成员、组织结构（最好是 CEO 在当天中午大家一起参与的迎新午餐中进行）。

（2）公司产品的历史、现状、未来的方向（任意创始人均可进行此项宣讲）。

（3）公司产品的技术架构、方案的选型、产品的路线图、技术上的优势和挑战（由技术合伙人负责描述）。

（4）公司产品开发流程、各种内部工具的使用和熟悉（由技术合伙人或团队成员负责描述）。

（5）产品中几个重要组件的详细介绍，这要因新人的能力而异。比如，你用了 NoSQL 数据库，新人没这方面经验，那就详细讲讲产品使用 NoSQL 的技术细节（由技术合伙人或团队成员负责描述）。

（6）产品本身代码主线流程的白板演示和代码走查（由技术合伙人或团队成员负责描述）。

这个新员工培训有两个作用：一是让新人迅速融入团队，尽快上手；二是让新人感受到公司对自己的重视。

接下来的日子里，要对新人的代码额外关注，尽量头一个月多对其代码走读，指点其在设计思路上，代码实现上可以优化的地方。这对新人融入公司的开发体系很有帮助。

之后就是对工作中涌现出来的好的苗子着力培养，让其不断承担更重要的工作，同时也尝试培养其别的方面的能力。这些人在团队扩张的时候，就是很好的技术管理者的人选。

此外，在日常工作中，无论团队多忙，都要匀出时间来做团队内的技术分享。一支 8 个人的技术团队，如果每周分享一次，一个人要两个月才能轮到一次做分享，这时间足够去钻研一些有意思的技术，然后分享给团队了。技术分享会既能保持团队在技术上的战斗力，还能锻炼每个人的表达能力、演讲能力，也是一条在正常工作之外发现好苗子的途径。

如果这些都能做到，那么领导技术团队的能力也就具备了一大半。至少，大家在技术上会信服你，在感情上会感激你为他们的成长所做的努力。其他的，就是一些管理的能力，不在本书中展开。

自我驱动的能力

要做好一个技术合伙人，还要有自我驱动力，能够主动思考问题，主动学习必要的技能，让自己一直保持在技术前沿。技术的发展日新月异，今天你的杀手锏可能明日就被别人颠覆。

招募团队

合伙人敲定，接下来团队的组建和扩张是每个创业者都会遇到的坎。创始人必须放下身段，想方设法拉到合适的人入伙。想想人家刘皇叔，三顾茅庐才请到诸葛亮，自己还有什么可顾虑的呢？用尽一切方法网罗你认为是团队最需要的人。这是个大前提。

当然，这里有两个问题：

（1）如何避免团队规模过度膨胀？
（2）如何保证招到的是合适的人才？

第一个问题在前文中已经提到，就是要“创业初期，在团队现有人手做下去感觉到很难的时候才考虑扩充人手，同时，要招有潜质的多面手”。这个度要靠自己把握。

第二个问题很难有个明确的答案，笼统的回答是尽可能招和自己气质匹配的，感觉一起工作起来很愉快的人。创业团队就那么些人，基本上一天中的大部分时间都在一起。按照快乐的团队工作高效理论，和团队越融合的人，越有化学反应的人，生产率越高。所以，不管是招聘什么样的角色：工程师也好，产品经理也好，HR 也好，要让对方尽量多花时间跟整个团队或者大多数团队成员见面，然后听取团队的意见，了解他们的切身体会。如果团队中有不少人对新人的加入有合情合理的顾虑，那么，宁可错过一个人才，也不要留下隐患。我曾经参与面试一个工程经理，面试时感觉对方能力、为人各方面都不错，和其他候选人相比更符合我个人的标准。团队里却对他有一些不同的声音。有个同事是这么描述自身的感受：他表现得太好了，感觉有些圆滑（原话是 slick）——他的语言是精心准备的，挑那些你愿意听的说给你听。虽然他的技术能力不错，管理的履历也还可以，但总觉得心里有点不那么舒服。这个评论引起了我的共鸣，面试过程中我确实也有这种感觉，只不过我不想依赖自己的直觉，将其压下去了而已。尽管这种顾虑或者感觉也许并不那么精确，但不录用的风险要比录用的风险小得多。

如果认可了“创始人应该用尽一切方法网罗你认为是团队最需要的人”这个大前提，那么，对应的行为准则就是：花费足够的时间和经历去打造自己的相关人脉。

对于一名 CEO 来说，需要扩展的人脉是最多的，包括但不限于投资人、产品经理、设计师、工程师、产品运营、会计师、律师等。这个名单包括任何可能对公司产生影响的人。

对于一名 CTO 来说，前文已经提到：必须至少扩展自己在技术圈的影响力和人脉，再具体些，就是：产品交付的每一个环节，你都有资源找到相应的人，这里面包含潜在能为你全职工作的伙伴，能给你提供建议的技术顾问，当然还包含外包团队。初创团队找人是最艰难的，尤其是技术人才。理工出身的人务实得很，难以被别人的理想而召唤。而他们往往处在卖方市场，市面上喊着“下一个 Google”的团队多了去了，没有一定的影响力或者私人关系，想收拢他们，难！

其他的可以依此类推。

按照分管的部门的不同，创始人需要始终给自己的头上悬着一支达摩克利斯之剑：如果团队中的任意一名重要角色离任，自己能否以最快的速度找到继任者，从而保证公司或者产品的正常运转？

我在途客圈里犯下的大毛病就是，作为一个创始人和 CTO，没有意识到人脉的重要性，基本上没有主动地去构建自己的关系网，所以在几个关键节点上（如 Nanfang 离职、Tao 神出走），Alex 在招募方面起的作用比我大。认清了自己的这个问题后，在“后途客圈”时代，我都不遗余力地扩展自己在技术圈子里的网络，广结善缘。这耗时耗力的“非工程师行为”也许会在未来的某一天，以一种不可思议的方式，救下我自己。

建立自我提高的团队

创业者大体上都是那种能够自我激励，自我学习的人，按此气质找来的团队成员也八九不离十。创业的过程是个团队从 *A* 点走向 *X* 点的过程，中间会经历各种跌宕起伏。在这个过程中，起先的目标也许会变化（参见 Twitter 的发展史或者 Docker 团队的历程），市场会变化，产品会变化，甚至工程中用到的技能栈都会发生变化，这一切都需要团队在变化中不断适应，不断提高。

在途客圈的发展过程中，前前后后开发了六款功能不尽相同的产品，技术栈无论是前端还是后端都在不断演进，同时，整个社会化传播的生态圈也在变化。我们见证了微博的兴起到衰退，以及微信（及公众号和服务号）的横空出世。团队的适应能力越好，自我提高速度越快，开发和“销售”产品的能力就越强。

方向 / 市场

我们在创立公司之初，确立了在线旅游这个方向，以及主攻的旅行计划这个市场之后，再无细致和系统的分析。下面提到的很多东西，我们在市场调研阶段并未很好地研究，便迫不及待地开始了产品开发。

市场区隔

一个产品总需要首先立足于其涵盖的目标市场里的某个细分市场。关于“目标市场”或“细分市场”的主题，但凡创业相关的书籍都会着重强调，我就不赘述了。同样是做旅游，细分市场可以按地域分（欧洲、北美、国内等），按服务人群分（学生、白领、富裕阶层等），按服务形态分（团队游、精品小团游、自助游、私人定制等）……创业者需要选择自己最有把握，同时又最具突破意义的细分市场，而不是铺开了多线作战。如果你是个猎人：你想同时抓三只兔子，还是咬定一只兔子全力追逐？

创业初期选定的细分市场某种意义上是个“滩头阵地”。选择滩头阵地需要考虑下面这些问题。

（1）它是否是个战略要地（赢下了这个市场，对赢得其他细分市场有没有帮助）？

（2）它是否与创始团队的目标、价值观和创业激情一致？团队是否愿意为之付出几年的心血？

（3）在这个细分市场上，用户 / 客户是否有足够的意愿和金钱来购买你的产

品 / 服务？

(4) 团队是否有足够的能力完成满足于这个市场的产品？

(5) 它是否有一定的准入门槛，而你们恰巧满足这一准入门槛？

这绝非一个完整的列表，只是在撰写这本书的时候最先浮现在我脑海中的几条——我仅仅以此为例，抛砖引玉，促成更多的思考。创业不是高考，把所有参考书目通读一遍，融会贯通，便能博取功名，甚至高中状元。

这里简单讲讲第一条和最后一条。

什么是“战略要地”？山海关之于多尔衮铁骑，潼关之于安禄山叛军，媒体圈之于知乎，常青藤名校之于创业初期的 Facebook。

什么事“准入门槛”？细分市场自身的护城河。智能硬件有硬件设计、物料选择、生产等一系列准入门槛。就拿物料选择来说，同样是内存芯片，各个厂家有什么优缺点，芯片在不同的频率上工作有什么问题（特性），等等，自己的产品如何能利用某种优势避开某方面的劣势，从而达到性价比最优。

一旦撬开并占据了一个细分市场，有没有可能设置更高的准入门槛（并且让用户知晓，形成深刻的印象），从而使后来者无计可施？例如，早期 Google 标榜的搜索结果数量和搜索速度。

市场容量

市场容量（Total Addressable Market，TAM）是一个产品的用户数量，以及产品在每用户每年获得的收益。

如果说你要做一款连接商界精英的交友软件——因为你发现，商界精英有很强的意愿扩展自己的专属圈子，在更广阔的人脉中拓展自己的业务。为此，你决定为有名校 MBA 背景的商业人群开启服务，这是你选择的细分市场。从各种媒体和资料中，你了解到，全球顶尖的 50 所商科学院，近五年共计为市场贡献了 10 万名活跃在各条战线的 MBA 学生（Stanford GSB 2016 年度招有 410 名学员，以此为基准估计的）。如果你的软件的增值服务每月收取 9.9 美元，一年下来是 119 美元，那你的产品在这个细分市场上的直接市场容量是 1190 万美元。

间接市场容量和选择的细分市场息息相关。“顶尖商科学院的 MBA”是个广告商非常喜爱的特定人群，这并不是说MBA这一身份更加吸金，而是产品所具备的精准的身份识别。间接市场容量在创业初期是个玄幻的东西，可以被吹得天花乱坠，当然也可以被尽情嘲笑，但它是产品的想象空间。

搞清楚产品的市场容量有助于对自己产品所服务的市场有一个容量上的大致概念，进而理清产品和用户的关系，同时让自己和团队更好地了解自己在做什么，以及做这件事情的意义所在。更清醒地认识到自己做事的意义，对于免费或者近于的互联网产品而言，尤为重要。

关于市场区隔和市场容量，还有用户建模（persona），同样有太多的理论知识，这里就不一一道来，对某个主题感兴趣的读者可以阅读相关的商科书籍。创业是个严谨又感性的混杂过程，有时需要一点教条，有时需要一些天马行空。这方面，途客圈犯下的错（也许是很多创业者都会犯的错）是我们都太缺乏理论知识了，以至于过于依赖天马行空的直觉、臆测，以及个人的喜好。

产品之外的技术工具箱

一般而言，创业者对在技术上如何打造自己的产品都驾轻就熟，所欠的只是时间、人力和不断迭代。然而，做一家公司，打造一个产品，并非掌握产品相关的技术就足够了。产品之外，还有很多和技术沾边的事情需要考量。

(1) 公司内部都需要什么信息系统来促进团队的交流与协作？

- ❑ 使用什么邮箱系统？
- ❑ 使用什么交流工具？
- ❑ 知识如何管理？
- ❑ 内部 / 外部会议 / 日程如何管理？

(2) 产品的软件生命周期如何进行管理？

- ❑ 产品原型采用什么工具？
- ❑ 开发采用什么工具？
- ❑ 代码如何管理？各种衍生资源如何管理？
- ❑ 项目如何管理？产品路线图如何管理？

- 配置如何管理？
- bug 如何追踪？
- code review 采用什么工具？
- 如何集成？如何持续集成？
- 产品如何部署？如何发布？如何进行蓝绿部署？

（3）资金（以及收入和支出）如何管理？

- 使用什么财务软件（这个一般税务会有规定）？
- 使用什么报税系统？
- 员工如何报销（使用什么报销系统）？
- 使用什么支付工具获取收入？管理销售？

（4）客户关系如何维护？

- 使用什么工具在产品内部维护客户关系？
- 使用什么工具记录和获取潜在客户？

（5）整个公司的内部 IT 系统如何保证安全（重要数据不丢失、不泄露、不被恶意篡改）？

- 使用什么身份管理系统？
- 使用什么备份工具？
- 使用什么加密技术 / 工具保护敏感数据？

这是一个随着公司发展，需要不断完善的列表。我并未对每个细分的问题给出答案，原因在于，我不想让自己的偏好影响到读者，互联网相关的技术发展日新月异，当你读到这本书的时候，很多技术 / 软件也许都要被淘汰了。

创业者需要在此基础上构建自己的列表，并选取（或者构造）最合适的工具，让整个团队能够心无旁骛地围绕着产品运转。团队只有几个人的时候，工具的效果并不明显，也并不需要这里列出的绝大多数工具，同时在维护工具可用上所花的时间可能还会成为一种无谓的损耗，但当团队十几人甚至更多时，使用工具在工作效率上的差异就能显现出来。虽说工具选择对与错，并不能直接改变产品的前途或者命运，但没选好，会大大损害团队运作的效率。

这里列举两个使用场景，加深大家的理解和影响。

场景 1：新员工（工程师）入职

小明今天到 TC 公司报到。HR 将他领到工位后，笔记本电脑、两个显示器、键盘、触摸板等一应俱全。笔记本中已经使用 Ansible 预置了开发部署所有的一切工具、dotfiles（Unix 用户的各种配置文件）、AWS 密钥，各个服务器访问的私钥，从 Stash（一个源代码管理工具）中签出的产品代码，甚至包括了可以用于本地测试的虚拟机（vagrant box）。笔记本旁边的便签上，记录着小明的域账号（所有内部系统使用同一个账号）和 VPN 账号的一次性密码。其中，VPN 账号，是和小明手机上的 Google Authenticator（谷歌身份验证器）配合使用的。关于 Google Authenticator 的安装和激活，入职前，TC 公司的内部系统已经自动给小明发了教程邮件告诉他如何一步步完成。这样，不在办公室的时间里，小明依旧可以在通过 VPN 连接到公司的系统，畅行无阻地提交代码，查看 Jenkins 状态，以及线上测试。

场景 2：日常开发

设计师小红完成了最新一批图标的设计，验收提交后，Jenkins 自动开始了构建的任务。新的图标被构建进字体文件，图标库的文档也被重新构建。字体文件被上传至内部的 Artifactory，文档被更新至使用 jykell 生成的文档中心。

小红用 HipChat 给小明发了一条消息，告知新的字体文件已经就绪。小明在打开文档链接的同时，在 shell 下运行了一个预置的脚本把新的字体的 artifacts 取至自己硬盘上的指定的地方。他在代码中创建了一个新的分支，照着文档对代码做了一些更新，然后在 stash 里提交了一个 pull request。小华给他评审的时候，Jenkins 没有闲着，已经对代码跑完了所有的测试。阅读完更改，小华决定批准这个 pull request。由于满足了 Jenkins 构建成功和有至少一个 approver 的两个条件，小明可以 merge 这个 pull request。merge 后，为此创建的分支被删除，同时 Jenkins 开始做开发系统的构建——这是由一个 Ansible 脚本做的自动构建，生成了一个包含新版本代码和资源的 Docker，并将其添加到 Artifactory。随后，Ansible 脚本登录到线上的测试服务器，pull 下来新版本的 Docker，停止老版本的运行，把新版本运行起来。随后，一封包含有代码提交注释的邮件发给了整个产品团队。

流程

创业者大多在大公司工作过，厌恶了各种繁文缛节和官僚主义的人。因此，在创业的过程中，他们往往把对繁杂流程的厌恶感情带了过来，矫枉过正，甚至干脆避免一切流程。流程不是万能的，更不是万恶之源，恰到好处的流程能够让工作更顺畅。

什么是流程？流程是工作过程中的各种最佳实践的规范化，书面化和形式化。一个公司，只有建立了属于自己的一整套工作流程，才称得上是一个专业的公司，否则充其量是乌合之众。上文中举的两个应用场景，其实就是流程重要性的最佳诠释。工具是死的，唯有流程将其串联起来才能变得灵活。在我看来，一个创业公司，至少需要下面这些流程。

（1）产品开发流程：包括产品定义、市场定义、需求定义、用户定义、用户访谈、商业开发等流程。

（2）设计流程：交互设计和验证、平面设计和验证等流程。

（3）研发流程：设计、编码、代码评审、测试、部署等流程。

（4）人员管理流程：招聘、晋升、淘汰、休假、团建等流程。

（5）财务管理流程：出差、报销、软件购买、固定资产购置等流程。

看到这里，有人可能认为，一个创业公司，怎么也搞这么多繁文缛节，连休假都要定个流程？休假这件事在大公司，可能是个几页 A4 纸的流程，一般还会有个系统去管理，可能还需要层层审批。但创业公司不用这么麻烦，最简单的制度和流程是：“除国家法定节假日外，正式员工能享受 15 个工作日带薪年假。超过三个工作日的休假提前两周，小于 3 个工作日的休假提前一天邮件通知主管，并且主管同意即可。”

当然，创业公司也会有很多复杂得多的流程，如构建和部署。对于复杂的，人工执行起来容易出错的流程，最好把复杂的逻辑固化在工具中，主体由系统去完成。如今的软件系统越来越复杂，动不动要和数十个服务打交道，一次完整的手工部署得花上一到几个小时才能完成，这时，就需要工具 + 脚本的组合。

和很多人的印象也许正好相反，好的流程不是限制员工的行为，而是激发员工做正确的行为。比如说有的创业公司除了给员工配齐各种必备的正版软件外，还规定：凡工作需要使用的软件，一律要购买授权。员工可直接购买并报销。

在工作的过程中，需要依赖员工不断引入新的流程。比如说办线下活动的流程，第一次办，大家没有经验（当然，外部经验还是有的），摸着石头过河；第二次、第三次办，就应该把之前的经验教训总结下来，形成流程，并不断完善。

写在最后的话

途客圈最终没有做起来的原因有很多，读完本书，你也许会得到各种角度的答案。这里，我想从一个新的角度去看待这个问题，那就是：旅行计划是个好的创业方向吗？

也许是，也许不是。尽管 2011 年至 2013 年在这个方向上倒闭了一大批公司，2014 年依然有人前仆后继地在此方向上创业。而且我相信，这个问题会一直困扰对此有所憧憬的创业者。在 hacker news 上，曾经有人翻出来 Garry Tan 的一篇 2012 年的博文，题目一针见血——“Travel planning software: The most common bad startup idea”（旅行计划软件：最常见的不好的创业想法）[①]。Gerry 认为旅行计划工具的问题在于使用频次，一年一次甚至两年一次的服务带来了黯淡的前景：

这指向了存在在每个产品里的更深层次的问题：晦涩。我的大脑里只有有限的存储空间。如果我记不住一个产品，那么我不会使用它。同时，我只会记得我经常使用的东西。好比每次我点了奶酪汉堡，总会加杯可乐一样……我个人使用的消费级的互联网 / 移动互联网服务，只会是那些我总在使用的东西。

使用频次确实是途客圈遇到的一个绕不过去的坎，但这不足以说明旅行计划工具就不能成功吧？要论频次，低频次的产品 / 服务很多，有携程、搜狐焦点、世纪佳缘、LinkedIn 等。所有在线旅游相关的服务，所有在线房屋租赁 / 买卖的服务，所有求职 / 招聘的网站，几乎都会有频次的问题。你一年买几张机票？换几套房子？谈几个对象？炒几次老板的鱿鱼？不管是一次两次还是几次，频次上肯定都和旅游在一个量级。那为什么这些服务都做起来并且规模化了？

使用频次带来的主要影响是用户获取（重新获取）的成本。SEO、SEM、媒体曝光、自媒体（公众号 / 服务号）、App 上的推送通知，都是有效地获取新老用户的方法。

所以只要做足各种免费和收费渠道上的功课，认真核算用户获取成本并有效投放关键字，建立口碑，不断累积粉丝并保持足够曝光，频次并不是不可逾越的

① http://blog.garrytan.com/travel-planning-software-the-most-common-bad

难题。

那究竟什么阻碍了旅行计划这个市场前景巨大，有足够需求，看似美好的方向却无法产生非常成功的公司或产品呢？让我们回到创业的原点：对此做个简单商业计划（business plan）来纸上谈兵，验证一下。我们使用《精益创业》（*Lean startup*）中所提及的商业模式画布（business model canvas）来做这件事。

（1）问题（最重要的 3 个问题）/ 客户区隔（目标客户）。
（2）独特价值主张（为什么你与众不同）。
（3）解决方案（最重要的 3 个功能）。
（4）渠道（获取客户的路径）。
（5）支出构成 / 收入来源。
（6）关键指标（要度量的关键性行为）。
（7）排他的竞争优势（无法被轻易复制或者购买）。

如果你尝试填写这 7 个部分，你会发现，第二部分“独特价值主张”是最不好填写的——旅行计划工具能为用户带来什么样的独到价值？更省钱？更省时间？更高效的玩法？更好的旅行体验？还是什么？

把省钱作为产品价值所在的话，就应该朝着 Kayak、去哪儿网那样的比价系统发展，为用户在多种方案中搜寻高性价比的既有产品；当累积足够的历史数据后来预测价格走势，帮助用户做更好的出行决策。这似乎不是旅行计划工具所想解决的问题。

省时间，这里主要说尽可能省去完全自己手工制订旅行计划的时间。这似乎是包括途客圈在内的大多数旅行计划工具希望达到的目标，因为大多数旅行者都在抱怨：

> 为了一次十天左右的出国旅行，自己花了几个月甚至半年的时间去计划，这痛点戳得我生疼！如果有工具能够减轻我的工作量，该多好！”

然而，旅行计划的整个过程不是做个 Excel 表填个行程，做个预算那么简单，它包含大量的旅行欲望的激发所需要的时间。对于一个为了玩得尽兴而做计划的旅者，查阅和整理信息可能占据了 95% 的时间，制作和不断修正 Excel 表不用花费太多时间。当一个一年可能只用一次的旅行计划工具为用户省却这 5% 的时间，却需要用户额外花时间和精力去学习和适应产品，产品的价值本身就有问题。至于省却查阅和整理信息的时间（途客圈2.0试图解决这个问题），也许，“孤独星球”是最佳选择？所以，旅行计划工具省时间基本是个伪命题。

对于更高效的玩法，短短数天如何不走冤枉路，用最短的时间获得最具价值的旅行体验可能是很多旅者的心愿。比如说，当两个交通工具接驳时，能让我花的时间尽可能少。人们恨不得地铁出来，恰好公交车就停在那里蓄势待发，而不希望二者中间需要等待30分钟。或者，即使要等30分钟，旅行计划工具能够推荐给我周边的一个有格调的书店或者咖啡厅，让我可以不必干等，更优地消遣时间。然而，这样的工具在技术上以及数据层面上实现的难度远非一个融资规模一般的创业公司可及。最终，大家都实现成在Google地图上，利用Google API做的一系列围绕地图的，既不精准也并未满足用户需要的半成品。

至于更好的旅行体验，难道你会认为机器的算法会优于资深的旅行顾问？难道你对一次美妙旅行的要求仅仅是网页上几个选择框就能涵盖的？举个例子：

> 我有7天的假期，想带我两岁的女儿来一次亲子游，随便去哪个有山或者有水的地方都成，我需要居住的五星级酒店能提供婴儿床，酒店要有儿童活动中心，供孩子们玩耍，我大部分时间都和孩子一起玩，但可能偶尔外出，所以希望酒店提供临时日托服务。请问我该去哪儿玩？

一个拥有再多数据的系统面对这样的要求也无能为力，但一个旅行顾问会和你探讨各种可行的替代方案。旅行顾问会问：*酒店没有儿童活动中心，但酒店附近有游乐场，可以吗？*

这就是旅行计划工具在提供更好旅行体验方面的先天不足：算法只能提供能力范围内较优的结果，但旅者需要的是不断逼近他/她理想中的完美体验。这服务如果由人来提供，再好不过，但当由人力完成这样的工作时，规模化便成为一个挑战。

综上所述，如果一个旅行计划工具在独特价值定位上没有太大作为的话，失败似乎在一开始就注定了——一个产品或者服务无法提供足够的价值，那用户使用的意义又在何处？

一些愚见，并不构成操作建议。

结束本书前，不得不说句心里话：本书所总结的一些经验都是完美的废话。看一百本书，参加一千次创业分享会，都不如开始行动。写下第一行Hello

World，约谈第一个潜在客户，做出第一个毛毛糙糙的东西，拿给你认为符合你的细分市场的人群看看，如家人、朋友、同事、Meetup[①] 上认识的陌生人等，获得反馈，不断修改，尽量让其变得对这群人有用，这些具体的工作才是正途。一个系统最美妙的地方在于其反馈。一台计算机，你在键盘上敲一个字符，屏幕上就会出现这个字符。你可以立刻知晓自己心中所想与手中所做是否一致。如果有问题，你有机会马上修正这个错误。创业就是这样（或简单，或复杂）：构建，测量，学习，反复循环，直至成功或者失败。

① 一个组织线下活动的社交产品。

www.ingramcontent.com/pod-product-compliance
Ingram Content Group UK Ltd.
Pitfield, Milton Keynes, MK11 3LW, UK
UKHW062004290726
14090UKWH00022B/1389